Franz von Kobell

Jagd und Weinlieder in hochdeutscher, oberbayerischer und

pfälzischer Mundart

Franz von Kobell

Jagd und Weinlieder in hochdeutscher, oberbayerischer und pfälzischer Mundart

ISBN/EAN: 9783743301801

Hergestellt in Europa, USA, Kanada, Australien, Japan

Cover: Foto ©Thomas Meinert / pixelio.de

Manufactured and distributed by brebook publishing software
(www.brebook.com)

Franz von Kobell

Jagd und Weinlieder in hochdeutscher, oberbayerischer und

pfälzischer Mundart

Jagd- und Weinlieder

in

hochdeutscher, oberbayerischer und pfälzischer Mundart

von

Franz v. Kobell.

Stuttgart 1889.

Verlag der J. G. Cotta'schen Buchhandlung
Nachfolger.

Inhaltsanzeige.

Jagdlieder.

Hochdeutsch.

———

Kobell, Jagd- und Weinlieder.

Die Zeit der Riesentiere. *)

Es schuf der Traum ein Bild dort, wo die Sonne
Den Pol umkreisend mondenlang verweilt,
Eh' mit den Nächten sie den Himmel teilt,
Und wo der Nordstern seine Wache hält;
Dort sollt' ich schau'n erneuter Schöpfung Leben,
Die Trümmer deckend der vergang'nen Welt,
Und neue Wunder sollten mich umgeben.

Ich stand an einem hohen Flußgestade
Mit Bäumen ragend, die den Föhren gleich
Und eblen Eichen wohl an Jahren reich,
Da kaum vermochte das geschmeib'ge Licht
Durch das Geflecht der Gipfel einzubringen,
Und d'runter lichte Tannenbüsche dicht
Und üpp'ge Kräuter das Gehölz umfingen.

---

*) Vierter Gesang aus dem Gedichte: „Die Urzeit der Erde“ von Franz
v. Kobell.

Dazwischen dunkle Ulmen und Platanen
Und Silberbirken schimmerten hervor,
Und wo der Fluß sich weiter hin verlor
Erschienen Weiden an der Ufer Saum,
Die sanftgebog'nen Aeste niedersenkend,
Daß manche schaukelte der Wasserschaum,
Den Blättern seine kühle Labung schenkend.

Es war nicht mehr das Schilf- und Rohrgedränge,
Bekannter war der Anblick in das Land;
Im grünen Grund auch manche Blume stand,
Und zog ein Falter seinen luft'gen Weg;
Auch hört' ich das Gesumme ems'ger Bienen,
Und kleine Vögel sah ich im Geheg,
Und fast wie heimisch fühlt' ich mich bei ihnen.

Den Fluß entlang begann ich nun zu wandern.
Und welche Freude! in dem feuchten Sand
Ich deutlich eines Hirsches Fährte fand,
Doch größer wohl, als man sie je geseh'n;
Da hatt' ich alles andere vergessen,
Mir war, als sollte ich zu jagen geh'n,
Und forschend fing ich an die Spur zu messen.

Und weiter suchend, sieh! da lag am Boden
Ein prächtig blinkend riesiges Geweih,
Als ob's vorjährig abgeworfen sei.
O Sankt Hubertus, welcher Enden Wald,

Wie hoch die breitgedehnten Schaufelstangen,
Von vielgezackter seltsamer Gestalt!
In Waidwerks Lust war schwärmend ich befangen.

O möcht' es glücken, solchen Hirsch zu schauen!
Schon malte ihn die schnelle Phantasie,
Die stets dem Waidmann gern die Farben lieh,
Und lauschend späht' ich überall herum;
Ein Wechsel mochte sein, wo ich ihn spürte,
Der tiefer in Dianens Heiligtum
Zu einem halbversteckten Steige führte.

Ich zog ihm nach wie birschend voll Begierde;
Da sah ich hohe Büsche regen sich.
Ob es der Hirsch? Und leisen Trittes schlich
Mit inner'm Zagen näher ich dem Ort;
Doch plötzlich schaut' ich, in dem Dickicht liegend,
Ein plump gekauert Tier, das zerrte dort
Am jungen Holz, die schlanken Reiser biegend.

Nun stand es auf; ich wich zurück, erkennend
Des wilden Ur's erschreckende Gestalt.
Welch' Bild von unbezwingbarer Gewalt,
Welch' trotzend Auge, welche Wucht der Kraft
In seinem Nacken, schwarz von woll'gen Haaren,
Der zott'ge Bart am Kinn, des Hornes Schaft
Und ein nach Streit begieriges Gebaren!

Ich lauschte regungslos; jetzt im Gesträppe
Noch viele seiner Art entdeckte ich,
Die einen ruhend, andre jagend sich
Und brüllend dumpf wie ferner Donner rollt;
Dann oft zu hartem Kampfe sie entbrannten,
Und gleich als ob die Stirne brechen sollt',
Die grimmen Stiere aufeinander rannten.

Ein wirr' Getriebe war's, von ihren Klauen
Zerrissen und zerstampft lag auf der Au
Manch' jung Gebüsch — doch eine neue Schau
Zu meinem Staunen reihte sich daran:
Am Fluß erschienen mächt'ge Elefanten,
Wie Schatten ziehend durch den grünen Tann,
Der krachend ward gedrängt von den Giganten.

Es blinken weit der langen Zähne Waffen,
Darunter viele wie zu einem Ring
Am End gebogen und, ein seltsam Ding,
Das Fell dickhaarig, wie es trägt der Bär.
Sie tränkten sich am Fluß mit wildem Schnauben,
Die schweren Rüssel schwenkend hin und her,
Vom Hauche sah den Wasserdunst ich stauben.

Nun kamen sie heran, furchtbar zu schauen;
Da wandten sich die Ure aufgeschreckt
Und scharten sich, von Büschen noch gedeckt,
Hinstarrend, wo das Rauschen wies den Ort,

Und als gewahrt sie jene schwarzen Massen,
Mit Zögern wichen sie; da floh ich fort
Durch der Gesträuche enggewund'ne Gassen.

Und eine Höhe eilt ich zu erklimmen,
Die sicher schien, und fern erst ruhte ich,
Wo ein Geklüft durch stein'ge Halden strich,
In dessen Schutz der Weg ansteigend bog;
Da klafften Höhlen in berankten Wänden
Und weiterhin ein Thal zur Tiefe zog,
Nach dem ich frei die Blicke konnte senden.

Ein dichter Wald verschloß der Felsen Eingang,
Und unter ihm ein sumpfig Flachland lag
Mit stillen See'n, die spiegelten den Tag,
Und dort bewegten sich bunt und zerstreut
Der Riesentiere viel, die Gräser schlürfend,
Und auch manch' Nashorn sah ich auf der Heid',
Mit grimm'gen Stößen in dem Boden schürfend.

So mag das heiße Afrika sie hegen
Und Ceylons Insel, wo der Zimmt gedeiht;
Doch welcher selt'ne Stern regiert die Zeit,
Wenn solches Wild bis an die Pole bringt?
Ist eine andre Sonne wach geworden,
Die neue Zonen dieser Erde bringt,
Den Süden enger bindend an den Norden?

Da ich so sann, vernahm ich fernes Knistern,
Und flüchtig kam ein Hirsch vom Wald herein
Mit weiten Sprüngen über Stock und Stein,
Hin nach dem Graben durch die Felsenklamm;
Ein riesiges Geweihe sah ich fliegen,
Die Kronen flimmernd an der Stangen Stamm
Zurückgebeugt zum breiten Rücken liegen.

Und kaum dem dunklen Holz war er entwichen,
So brachen dort zwei Bären hastig vor
Und auf der Fährte nach in jenes Thor,
Aufbrüllend als den Raub sie nun geseh'n;
Da kam der Hirsch ins steinige Gedränge;
Zur Seite seinen Lauf nicht konnt' er dreh'n
Und mußte fort im steigenden Gehänge.

Er eilte, rechts und links die Felsen kreuzend
Und über Büsche setzend, daß das Laub
Wegflog und von dem Grunde Sand und Staub
Und sprang herauf zur eingekeilten Schlucht,
Wohl in Verwirrung seinem Steig vertrauend;
Doch zeigte sich kein Ausweg seiner Flucht.
Da stand er nun, nach den Verfolgern schauend.

Sie stürzen lechzend an, es ist kein Retten;
Da rennt der Hirsch, tief senkend das Geweih,
Den ersten niederstoßend, d'ran vorbei;
Der zweite aber schlägt im Augenblick,

Die Branten hoch gehoben, von der Seite
Und faßt ihn grausig krallend am Genick
Und reißt zu Boden ihn nach kurzem Streite.

Nun fielen beide d'rüber her zerfleischend,
Daß zum Gestein floß mancher rote Strahl,
Und gierig schlingend hielten sie ihr Mahl.
Da springt vom Felsenhang ein ander' Tier,
Die Bären neidisch ihm entgegenrollen —
Doch eine Wolke sank nun aufs Revier,
Als hätt' ich es nicht länger schauen sollen.

Wer jagte jenes Wild, wer hat's vertilgt,
Den norb'schen Elefant, den Riesenhirsch?
Wem gab sein rauhes Fell der Höhlenbär,
Wer fällte sie im Kampf, wer ging zur Birsch?

Ein Jäger kam, ein finst'rer Sohn der Nacht,
Vor dem die Blumen sinken welk und bleich,
Von dem der Baum, den er berührt, verdorrt
Und der Verwesung streut sein Blätterreich.

Es künden Rabenflüge seinen Weg,
Und Frostesschauer weht von ihm heran;
Was Leben atmend auf der Erde weilt
Des Endes Zeichen fühlt in seinem Nah'n.

Vom trüben Pol des Nordens kam er her,
Dort wo in Eisluft wie ein bleicher Mond
Die Sonne wärmelos am Himmel steht,
In ew'ger Dämmernacht das Starre thront.

Dort ragt ihm öd und kalt ein Jagdpalast;
Denn nur das Kalte ist sein Element,
Und kalt zu machen, was da Wärme hegt,
Das ist das Thun, zu dem er sich bekennt.

An seinen Bann gefesselt steht das Leid,
Ein giftig schillerndes Chamäleon;
In seinem Sold die Furien der Furcht
Mit ihren nimmermüden Qualen droh'n.

Er kam zu halten schreckliches Gejaid,
Ein Waidwerk wie man keines je geseh'n;
Von all' den tausend Scharen jenes Wilds
Nicht sollte ihm ein einzig Stück entgeh'n.

Es rief sein Horn, da flog der Stürme Volk
Rings aufgeweckt zum schlimmen Dienst heran,
Der Schwingen Schlag erklang durchs Firmament
Und wälzte fort sich auf der luft'gen Bahn.

So wie der Gemsengeier jagt das Wild,
Wenn rauschend um das sich're Felsenschloß
Sein Fittig streift, und zwingt es in die Flucht,
So brauste tobend hin der Helfer Troß.

Des Eismeers Ufer senkte ihre Wucht,
Daß sich ergießend breitete die Flut;
Mit allen Schrecken trieben sie das Tier,
Und nieder warf es des Gebieters Wut.

Vernichtend fiel sein unsichtbar' Geschoß,
Vernichtend seines Armes Allgewalt;
Da sank in Finsternis das Augenlicht
Und stockt' das Blut bewegungslos und kalt.

Es war ein Kampf, ein Tummeln und Gestöhn,
Daß weit der Boden dröhnte ringsumher,
Und schonungslos sein Werk der Schütze trieb,
Und enger stets den Bogen schloß das Meer.

Und nimmer ruhend würgte seine Gier
So lange noch ein Puls der Adern schlug,
So lang noch einer Kehle Klagelaut
Der Hauch des Lebens zitternd weiter trug.

Dann als vertilgt das große Waidrevier,
Ein anderes Gehege wählte er,
Und nach dem Süden wandte sich der Zug,
Und mit den Wolken ging das wilde Heer.

Da lauschte hoch auf mancher Elenhirsch
Aus fernen Bergen nach dem Tosen dort
Und wich gescheucht, denn immer näher kam's,
Und floh geängstigt durchs Gehölze fort.

Die Eiszeit.

Es wechselte des Traumes Spiel das Bild,
Ich schaute reichgetürmte Städte liegen,
Die Mauern schmückend mancher Garten stand,
Im Sonnenstrahl die Kuppeln strahlend stiegen.

Die Thore wimmelten von buntem Schwall,
Von Menschenflut, von Wagen und von Rossen,
Wie blumig' Gold der Segen des Getreids
Auf wohlgepflegten Feldern war ergossen.

Es wehte frisch und traulich mir die Luft,
Und bald erkannt' ich mich in heim'schen Gauen,
Das deutsche Land vor mir gebreitet lag,
Und seine Alpenmauer sah ich blauen.

Wie heimgekehrt von weitentleg'ner Fahrt
Begrüßt' ich freudig wohlbekannte Orte,
Mich glücklich fühlend, daß die Gegenwart
Erschlossen ihre blühend grüne Pforte.

In Lust verweilend sonnte sich der Blick
An diesen wein= und kornbekränzten Ländern,
An ihrer ernsten Tannen ew'gem Grün,
An ihrer treuen Flüsse Silberbändern.

Doch dauernd nicht genoß ich solche Schau,
Die Farben schienen langsam zu erblassen,
Es schwand die Ferne, formlos lösten sich
In leichten Wolken der Gebirge Massen.

Und einem Schleierhauch des Nebels gleich
Zerfließend sah ich Stadt um Stadt vergehen,
Dann plötzlich wie am Pol, vor meinem Aug'
Die Wildnis der Vergangenheit erstehen.

Gebannt an ihre Schöpfung schien der Traum.
Und welch' ein Wechsel! Wo ich noch soeben
Bekanntes Land geschaut und Städtepracht,
Da rührte sich nun jenes nord'sche Leben.

Wie dort der Elefanten Ungetüm
In hochbewachs'nen Triften sah ich brechen,
Wie dort Rhinocerosse zwiegehörnt
Im Schatten lagern auf den grünen Flächen.

Wo jetzt das leichte Reh an Flusses Rand
Zur kühlen Weide zieht, da drückte nieder
Des Nilpferds Wucht den Grund, als trüge es
Von schwerem Stein die ungelenken Glieder.

Der Leichenräuber, die Hyäne, auch
Und andres Tier von fremder Art und Wesen
Durchzog das edle Land, dem schönen Rhein,
Der stolzen Donau zum Gebiet erlesen.

Ein Traumesbild! und doch ein treues Bild
War magisch aufgetaucht in seiner Gabe;
Das Zeugnis ist gewahrt, du findest es
Verschlossen in der Scholle stillem Grabe.

Und jenes Jagen an der Erde End'
Ich sollt' es weiterwürgend wiedersehen,
Und wie das Leben dort gebrochen sank,
So sollt' es hier nicht seinem Los entgehen.

———————

Anmerkung.

Mehrere Bildungen, wie sie im vorhergehenden ange=
deutet sind, folgten sich mit ähnlichen Pflanzen und Tieren,
bis mit der sogenannten Braunkohlenformation und den ihr
folgenden die Flora einen anderen Charakter annimmt und
die Säugetiere auftreten. Die großen Farne, Equiseten
und Lykopodien der früheren Periode verschwinden und baum=
artige Pflanzen, unsern Nadelhölzern und Laubhölzern ähnlich,
erscheinen. Die großen Tiere der Elefanten (Mastodon,
Mammut), Rhinoceros, Nilpferd, Tapire, besondere Arten von
Bären, Hyänen, Hirschen zc. werden mit den jüngern Bil=
dungen dieser Periode immer mehr zunehmend beobachtet und
zeichnen besonders den Norden in jener Zeit aus. Die Stoß=
zähne jener Elefanten werden in Rußland so häufig aus=
gegraben, daß sie einen Handelsartikel bilden. Man hat 1804
ein Mammut noch wohl erhalten im Eise am Ausfluß der
Lena gefunden, ebenso ein ganzes Rhinoceros mit Haut und
Haaren am Ufer des Wilvi in Sibirien. Die besterhaltenen
Skelette des Riesenhirschs, dessen Geweih bis 11 Fuß weit
klaftert und manchmal mit dem Schädel gegen 90 Pfund
wiegt, findet man in Irland. (Nach Einigen hätte er noch
mit den Menschen zusammengelebt.)

Alle Beobachtungen deuten darauf hin, daß diese or=
ganische Schöpfung teils durch Fluten, vom Norden her
kommend, teils durch Schnee und Eis ihr Grab fand.

Aus dem Jägerleben.

1.

O frischer Hauch im schattigen Waldesgrün,
Du Lust des Waidmanns, wenn er einsam ruht,
Wie glücklich hab' ich dich so oft begrüßt,
So oft gestärkt in dir des Lebens Mut.
Wenn's tagt im Osten von der Sonne Gold,
Ein ros'ger Schein sich in die Dämm'rung webt,
Wenn Strahl um Strahl durch Laub und Aeste zieht,
Der Morgen still zur Erde niederschwebt,
Wenn dann vom jungen Busch melodisch sanft
Das kleine Lied des ersten Vogels dringt,
Der sein Erwachen freudig sorgenlos
Zum Gegenrufe den Gefährten singt,
Wenn scheue Rehe zum verwachs'nen Grund
Mit Zögern einzieh'n vom betauten Feld,
Verstohlen weilend, wo ein Plätzchen grünt,
Wo frischer Quell sich seinen Garten hält —
O Morgenhauch im lieben stillen Wald,
Dem wilde Blume ihren Duft erschließt,
In dessen Wehen atmet die Natur,
Wie glücklich ist, der deinen Reiz genießt.
Ein Waidmann bin ich, und ich kenn' die Lust,
Wenn's im Gesträuch' und jungen Holze rauscht
Und dann ins Freie tritt der Edelhirsch
Und um der Blätter leicht Geflüster lauscht,

Wenn sein Geweih, mit Sprossen hoch gekrönt,
Die Zweige teilt und ihre Moose fegt,
Wenn er hinschreitet fürstlich auf dem Plan,
Mit stolzem Nicken seinen Hals bewegt —
Ich kenn' des Birschens süße Träumerei'n:
Wenn alte dunkel-dichte Tannen steh'n,
Als horchten sie, was unten leise zieht,
Als hätten niemals Jäger sie geseh'n;
Wenn dürres Schilf sich regt am schwarzen Teich,
Umgrenzt vom Eichwald, wo der Eber haust;
Wenn manch' gebroch'ner Stamm von Stürmen zeugt,
Die wild durch seine Kronen hingebraust.
Von Menschen fern, auf dich gestellt allein,
Taucht manches Bild hervor, du sahst es nie;
Die Bäume ästen manches Leichenkreuz,
Wie viele Jäger überlebten sie!
Wie mahnt ein Täflein tief im Rindenholz;
Da lag wohl sterbend einst ein Waidgesell;
Die ihn begruben, sie auch sind dahin.
Die Eiche grünt wie damals jung und hell,
Wie damals leuchtet lieblich noch der Mond;
Wie viel der Lust, des Leids hat er geseh'n,
So oft er mit dem Morgenrot verblich,
So oft er kam mit kühlem Abendweh'n.
O edles Waidwerk, wer dich nie gekannt,
Ihm bleibt sie fremd die dichtende Natur,
Wie die Romanze blüht in ihrem Reich,
Der Waidmann fühlt, der Waidmann weiß es nur.

———————

2.

Wenn's dämm'rig wird und Nacht im Wald,
Die Abendglocke fern verhallt
Und der Mond aufgeht mit dem stillen Licht,
Da wird, ein jeder weiß es wohl nicht,
Eine andre Welt rege; doch leise nur
Und unheimlich flüstert ihre Natur.
Im hohlen Baum, in der Rinde Moos,
Da geht ein seltsames Treiben los.
In gestorbenen Blättern da rührt es sich
Und knistert und huscht und wischt um dich;
Jetzt schnelles Laufen, dann wieder still,
Als ob deinem Atem es lauschen will;
Nun klopfen und zerren am dürren Ast,
Verstohlenes Thun ohne Ruh' und Rast.
Wohl mancher Jäger hat es erlebt,
Wie der Busch ohne Luftzug gezittert, gebebt;
Wohl mancher hörte es schleichen und geh'n,
Und trotz des Mondscheins ist nichts zu seh'n,
Und manchmal ruft's beinen Namen im Wind,
Ei, was das seltsame Dinge sind —
Horch! War das nicht Rufen, wo kam es her? —
Wie die Nachtluft heut' so feucht und schwer —
Hallo, mein Hund! 's zieht nichts mehr heraus,
Komm', frostig wird's, wir gehen nach Haus.

3.

An einer Quelle ruhte ich im Gras
Und sah ihr lustiges bewegtes Leben,
Und wie die kleinen Wellen silberhell
Ihr Sprudel nicht ermüdete zu heben.
Und sah zum Bächlein ruhig sie geeint
Durch grüne Auen freundlich weiter eilen,
Und mein Gedanke zog mit ihnen fort,
Als wollte er die bunte Reise teilen;
Da kam ich mit dem Bach an einen Strom,
Von stiller Waldesruh' in lautes Schwärmen,
In eine große Stadt ein Wandersmann,
Und unbehaglich war mir solches Lärmen,
Und mit dem Strom gelangte ich ans Meer,
Der Wässer weite große Welt zu schauen;
Da sah ich endlos in der Wogen Heer,
Ich sah es halb mit Lust und halb mit Grauen;
Da kam ein Donnern, dumpf aus weiter Fern':
In schwarzen Wolken sah ich's dunkel wogen,
Es naht ein Sturm wie wilder Geister Chor,
Stets höh're Fluten kommen hergezogen,
Es wälzt das Meer in Bergen übers Land,
Horch! Welches Heulen, welches bange Dröhnen!
Nicht fliehen kann ich und die Erde schwankt,
Ihr Grab verkündet fürchterliches Stöhnen —
Still! still! — ein Hirsch! ein Hirsch steht dort am Bach,

Er lauscht dem leisen Zug der Abendfrische;
Ich atme kaum, ein einzig Vöglein singt;
Jetzt zieht er langsam weiter durch die Büsche.
   Die Quelle sprudelt freundlich wie zuvor,
Am Himmel zieht das Abendrot empor,
Nur leises Blätterflüstern trifft mein Ohr,
Kein Wogensturm, kein wilder Geisterchor —
Wie mir da war? Beschreiben kann ich's nicht,
Geht in den Wald, dort blühet solch' Gedicht.

4.

Ein Blümlein steckte sie mir auf den Hut,
Ein Blümlein blau:
„Das Blümlein ist fürs Treffen gut,
„Ja, ja, vertrau'!"

Ich zog hinaus zur Abendbirsch,
Schlich lang' herum;
O käm' mir heut' der gewünschte Hirsch,
Was gäb' ich d'rum!

Hätt' ihre Freude gern geseh'n,
Daß sie's gewußt,
Es werde mir heut' glücklich geh'n
In Waidwerks Lust.

Und wie ich schleich', da bricht's im Holz.
Halt! Nicht verzagt,
Da steht der Hirsch! da zieht er stolz;
Nun frisch gewagt!

O Gott, wie 's Herz mir klopft und schlägt,
Nur keck, nur Mut,
Der Hut ja jenes Blümlein trägt
Fürs Treffen gut!

Paff! — fort der Hirsch! — wie du's mein Schatz
Erraten hast,
Getroffen war's — lag auf dem Platz
Ein Tannenast!

Der Jäger.

Es saß vor dämmerndem Morgen
Ein Jäger an Waldes Rand,
Den edlen Hirsch zu fällen
Hielt er die Büchs' in der Hand.

Noch war es grau auf den Gründen,
Der Hirsch kommt nicht so bald,
Noch ist der Mond nicht verblichen,
Noch singt kein Vogel im Wald.

Und langsam wurde es helle
Und kühler wurde die Luft,
Es sangen melodisch die Vögel,
Es wehte der Morgenduft.

Da zog auf tauiger Wiese
Der edle Hirsch zum Wald,
Zog langsam gegen den Jäger,
Gieb acht, jetzt knallt es bald.

Doch sieh', es will nicht knallen,
Kein Schuß fällt auf den Hirsch:
Es schläft an dem Baume der Jäger
Und träumt von der guten Birsch.

Waidsprüche.

Sag' an du lieber Waidmann mein,
Was reimt sich in Farben zusammen fein?
  „Das will ich dir wohl sagen:
  Ein schwarzer Keiler auf weißem Schnee,
  Ein roter Hirsch in grünem Klee
  Und im silbernen Becher gold'ner Wein,
  Fürwahr das reimt sich in Farben fein."

Waidmann, lieber Waidmann, sag' mir an,
Welcher Farbe bist du unterthan?
  „Der Farbe, die mit Herrlichkeit
  Erwächst in holder Frühlingszeit
  Und die dann freundlich die Reben tragen,
  Die über Liebchens Fenster ragen;
  Der Farbe wie sie ziert den Wald,
  Der edlen Wildes Aufenthalt:
  Der grünen Farbe bin ich ergeben.
  Und ist es aus mit diesem Leben,
  Nicht unter schwarzbeschrieb'nen Stein,
  Grabt unter grünes Gras mich ein!"

Waidmann, lieber Waidmann, weißt du wohl,
Wie ein guter Waidmann birschen soll?
  „Soll birschen, daß es der Hirsch nicht versteht,
  Ob er gekommen, ob er geht;
  Daß er dem Spielhahn den Tanz nicht verdirbt,
  Wenn er im Falz um die Hennen wirbt,
  Und daß er des Liebchens Herz gewinnt,
  Eh's die Verwandtschaft zu merken beginnt.
  Wenn er darin keine Fehler macht,
  Hat er's im Birschen weit gebracht.“

    Wald und Wild und Jägerei,
     Geht nichts über diese drei.

    Es ist keine Fabelei
    Um Hirsche mit gold'nem Geweih':
    In dem Städtlein im Schwabenland,
    Dort sind sie gar wohl bekannt.
    Gut Württemberg allweg
    Ist solcher Hirsche Geheg,
    Und sie ruhen, wie seltsam! zumeist
    Vor den Schenken fest und dreist.

    Aufs Kleid kommt's nicht an,
     Denk' d'ran;
    Der Fuchs und der Falk
     Ist jeder ein Schalk.

Auf die Größ' kommt's auch nicht an;
Wie falzt so leis' der Auerhahn,
Und wie weit
Singt über die Heid'
Die kleine Lerche Lust und Freud'!

———

Es trägt der Schild im Wappen mein
Ein edel holdes Weib
Und ringsum Wald und Wild und Wein
Zu Lust und Zeitvertreib.
Dies sind die Zeichen, die ich mir
Stets treulich zugesellt;
Es lebt ja ohne diese vier
Kein Waidmann auf der Welt.

———

Hirschjagd.

Der Bogen ist umstellt, jetzt Waidmanns Heil;
Vom Hochholz seh' ich nach dem Dickicht hin,
Wo durch die jungen Tannen, wohl versteckt,
Des Wildes schmale Wechselsteige zieh'n.
Der Troß der Jäger hat sich still verteilt;
Nun ist es ruhig rings in dem Geheg,
Ein leiser Hauch nur weht vom Walde her,
Der Zweige Duft sich sammelnd auf dem Weg.
Er kühlt die Stirne und erfrischt das Blut,
Seit Jahren mir ein wohlbekannter Freund,
Mit dessen Flüstern die Erinnerung
An manchen Strauß des Waidwerks sich vereint.
O schöne Zeit, da ich zum erstenmal
Den stolzen, edlen Hirsch zu jagen ging!
Wie schlug das Herz, da den geliebten Klang,
Des Hornes Ruf, mein lauschend Ohr empfing!
Ich seh' den Hügel noch, auf dem ich stand,
Verwachs'nes Erlendickicht unter mir
Und silberglänzend hohe Birken d'rin;
Ein klarer Bach begrenzte das Revier.
Und wie nun plötzlich, ferne aufgeschreckt,
Ein Flug von kleinen Vögeln fliehend kam
Und zitternd ich die Büsche schwanken sah
Und höher die gespannte Büchse nahm,
Und wie der Hirsch, er trug die dritte Kron',

Vom Hund gejagt hervorbrach, daß die Wucht
Mit lautem Krachen alles niederwarf,
Was sich entgegenstellte seiner Flucht,
Und wie ich schoß, der Widerhall im Wald,
Der freud'ge Schreck, da ich ihn stürzen sah,
Ja fast betäubt, ach, ich vergeß' es nie,
Nicht wußt' ich selber, wie es so geschah —
Doch still! — nichts taugt das Schwärmen; wer zerstreut,
Wird seltsam oft vom Wilde überrascht,
Und oft nur günstig ist ein Augenblick
Und glücklich nur, wer diesen sicher hascht —
Horch! Reisig knistert — sieh'! ein schlankes Reh!
Du kleines Ding, du hast mich fast erschreckt,
Schaust so vertraut, du weißt nichts von der Jagd;
Es hat kein Hund noch deine Spur entdeckt.
Mach', daß du fortkommst, geh' in Frieden, geh' —
Der Wind ist gut, o käme mir der Hirsch!
Mit dir, du liebe Büchse, bangt mir nicht,
Du bist erprobt auf mancher guten Birsch.
Wenn nur auch ruhig bleiben wollt' das Herz!
Sein hastig Klopfen manchen Schuß verdirbt.
Ob's wohl einmal den Fehler lassen wird?
Ich glaub', es wird ihn lassen — wenn es stirbt.
— Ein Hornruf! horch! ja, ja, es bricht im Holz,
Das ist die Jagd, die Hunde geben Laut,
Der Hirsch! der Hirsch! ich sehe das Geweih,
Jetzt Waidmanns Heil, es gilt, nur keck vertraut!

Waidsprüche.

Waidmann, lieber Waidmann, sag' mir an,
Was tritt leiser als der Fuchs,
Was sieht weiter als der Luchs,
Was steigt höher als der Aar
Ohne Schwindel, Müh' und Gefahr?
  „Das will ich dir wohl sagen:
  Noch leiser tritt im Tannenduft
  Des klaren Morgens leichte Luft,
  Noch weiter sehen mag ein Stern
  An Himmels ungemeß'ner Fern',
  Noch höher steigt das Abenbrot
  Ohne Schwindel, Gefahr und Not."

Waidmann, lieber Waidmann, sag' mir an,
Was blendet im Falz den Auerhahn?
  „Das will ich dir sagen: das Zauberkind,
  Der Liebesbub', der selber blind,
  Der will mit solchem Spuk ihn prellen;
  Thut's selber gern den Waidgesellen,
  Und dürsten die so geschossen werden,
  Wär' lang schon keiner mehr auf Erden."

Kennst du wohl den Champagnerbogen,
Ein gläsern' Zeug ist 'rumgezogen
Und d'rin eine Perlenjagd zu seh'n,
Da kann nicht leicht was drüber geh'n.
Dies Perlenwild hübsch abzufangen,
Das war mir immer ein' Lust und Verlangen,
Und sonderbar, solch' seltsam Gejaid
Thut gut in Winter= und Sommerszeit.

Gemsjagd.

Im Felsenkar mit rauhverwachf'nen Gräben,
Wo Wand an Wand gelagert das Gestein,
Dort wo die Gemfen und die Adler wohnen,
Dort wird mir stets das liebste Jagen fein.
Wohl ist's ein feltfam' Ding, auf Steigen gehen,
Wo dir der Tod bei jedem Schritte nah,
Wo mancher Waidmann, der zum Abgrund stürzte,
Des Himmels Blau zum letzten Male fah;
Ein feltfam' Ding, wenn d'ran die Felfen mahnen,
Die feierlich wie Leichensteine stehn,
Wenn dann felbst Edelweiß und Alpenrofen
Wie wilde Grabesblumen anzufeh'n;
Doch Jägerblut bewältiget kein Schwärmen
Von Schrecknis und von grauenvollem Tod,
Nur um fo mutiger fließt's in den Adern,
Wo mit Gefahren feine Luft bedroht.
Drum frisch hinaufgeklimmt in jene Schlösser!
Die Zinnen ragen stolz und frei empor,
Die alten Mauern von der Zeit gebrochen
Sind aufgethan zu manchem Riefenthor,
Die krumme Föhre grünt in ihren Spalten,
Manch' felt'ne Blume spendet ihre Zier,
Der graue Specht mit purpurstreif'gen Schwingen
Durchzieht in leichtem Fluge das Revier.

Bald ist es laut von wilden Wasserbächen,
Die silberflutend stürzen vom Gehäng',
Mit kühler Luft aus dunklen Höhlen quellend
Und fort sich wühlend durch das Steingebräng',
Bald wieder still ist's wie in Gräberhallen;
Nur scheuer Pfiff von einem Murmeltier
Schreckt auf das Ohr, ein Ruf, als wollt' er fragen,
In dieser Einsamkeit, was willst du hier? —
Auf jähen Kuppen siehst du weit zu Thale,
Von unten schaurig droht manch' finst're Kluft;
Doch frischt das Herz mit lieblich sanftem Wehen
Der Balsamhauch der klaren Bergesluft.
Gieb acht, wenn du die Laanen überschreitest,
Mit spitzen Eisen sich're deinen Schritt,
Nicht gleiten darfst du oder bist verloren,
Und gelten muß der wohlgesetzte Tritt.
Wenn unten schwindelnd Wände niedergehen,
So sieh' dich vor und meide glatten Stein,
Und nahst du einem tiefgeborst'nen Grunde,
So birsch' in alle Schluchten leis' hinein.
Es rauscht im Schutt, es rollt und saust hinunter!
Aus jenem Graben kommt's! Die Büchse! Halt!
Da giebt es Arbeit! still! ja das sind Gemsen —
Es nähert sich durch jenen Felsenspalt!
Die Büchse fertig! Gut sind alle Zeichen,
Der Wind ist gut, ein Wechselsteig vor mir,
Die Steine fallen, horch! an jenem Hange,
Still, still — da steht's, das schwarzgehörnte Tier!
— Was klopft das Herz, was zittert dir im Arme,

Haft doch getroffen oft der Scheibe Ziel;
Ist's denn ein Zauberschatz um eine Gemse,
Ist denn die Jagd mehr als ein Kugelspiel? —
Wie oft, wenn es den Trefferschuß gegolten,
Bei solcher Jagd hab' ich daran gedacht,
Es ist der Preis nicht, nur um ihn das Ringen,
Was bangen dir und was dich jubeln macht,
Ein Ringen und die Kraft zu kühnem Wagen,
Gar manchem, der es kleinlich nimmt, versagt;
Das wertet dir die unscheinbare Beute,
Das wertet solches Wild und solche Jagd,
Das mehrt die Reize jener freien Höhen,
Wo die Natur verschwenderisch verlieh.
O daß der edle Schmuck nie untergehe,
So reich an Lust, so reich an Poesie!

Waidsprüche.

Sag' an, mein lieber Waidemann,
Was einen Jäger am meisten verdrießen kann?
  „Es mag ihn wohl gar sehr verdrießen,
  Wenn andre statt seiner die Hirsche schießen,
  Und wenn er sich letzen will am Wein
  Und hat im Sack kein Kreuzerlein;
  Doch wenn ihm sein Liebchen zu kommen verspricht,
  Und er wartet und wartet, und sie kommt nicht,
  So denke ich trotz Hirsch und Wein,
  Das muß das Allerärgste sein."

———

Waidmann, lieber Waidmann, thu' mir kund,
Wann, glaubst du, geht die Welt zu Grund?
  „Das will ich dir wahr und treulich sagen:
  Wenn die Gemsen um Stiegen und Leitern fragen,
  Und wenn es dem Hirsch nicht mehr einerlei ist,
  Ob ihn der Knecht oder Junker erschießt,
  Und die Mägdlein nichts mehr wissen zu schwatzen,
  Und die Schusterbuben die Hund' nicht mehr tratzen:
  Dann, glaub' ich, ist kommen die letzte Stund',
  Und dann geht sicher die Welt zu Grund."

———

Waidmann, lieber Waidmann, sag' mir frei,
Welche Blum' dir die liebste sei?
  „Das will ich dir treulich sagen:
  Wo wild vom Berg die Wasser tosen,
  Dort Edelweiß und Alpenrosen
  Und lieben blauen Enzian,
  Die schau' ich wahrlich gerne an,
  Auch fällt mir wohl die Blume ein,
  Die edel duftet aus edlem Wein;
  Doch eine Frauen hold und fein,
  Die thät' mir lieber als alle sein.“

Jägerlied.

Meine Lust ist Bergesluft
Und ein kühnes Jagen,
Wo die Gemse gerne weilt,
Da ist mein Behagen;
Blümlein nicht der Au und Laub
Rankender Gelände,
Mir gefällt das Edelweiß,
Schmuck der wilden Wände.

Wo's da oben schaurig schön,
Da ist meine Freude,
Seh' ich unter mir die Welt,
Meine Augenweide.
Nennt den Gang auf jähem Steig
Immerhin vermessen,
Kann ich d'rum den Menschenschwall
Unten nur vergessen.

Mögen andre Schimmertand,
Gold und Silber preisen,
Mir gefällt im grauen Kleid
Meiner Büchse Eisen,
Und um Waidmanns Heil allein
Will ich wünschend werben,
Und soll enden diese Lust,
Sei's gegönnt zu sterben.

Waidmanns Schmuck.

Es kennt den Schmuck wohl jeder:
Vom Falken eine Feder,
Vom Birkhahn ihrer zwei
Und ein Gemsbart auch dabei;
Hirschgränlein, Adlerfänge
Und blankes Wehrgehänge
Und grünes Eichenreis,
Des Waidwerks liebsten Preis!
Doch mir will bei dem allen
Noch Eines gut gefallen:
Zu schwärmendem Gekose
Im Herzen eine Rose.

Jägerlied.

Im Schmuck der grünen Auen
Das Leben mir gefällt;
Der Silbertau der Felder,
Der Schattenduft der Wälder
Verschönert meine Welt.

Ihr andern möget schlafen,
Des Morgens Lust ist mein;
Da zieh' ich auf die Birsche
Zu lieb' dem edlen Hirsche
Ins stille Holz hinein.

Das Flüstern in den Tannen,
Der Vöglein froher Sang,
Der Gruß der wilden Rose
Aus weichem kühlen Moose,
Das würzet meinen Gang.

Ich lieb' ein frisches Treiben
Bei mutigem Gejaid;
Diana mit dem Bogen,
Wie sie einst ausgezogen,
Das wäre meine Maid!

O schönes Jägerleben,
Du, kecken Mannes Zier!
Nicht zärtliche Schalmeien,
Der Hörner Klang im Freien,
Das rührt die Seele mir.

Und gilt's dem Vaterlande,
Dann freudig ins Gefecht;
Dann soll der Feind wohl sagen:
Fürwahr, der kennt das Jagen,
Der zeigt sich waidgerecht.

Hirschjagd.

Auf den Hirsch! auf den Hirsch! es taget schon;
　　Frisch zu, ihr Waidgesellen,
Er trägt mit Trotz die vierte Kron',
　　Jagt die Rivalen all' davon,
Den laßt uns fangen und fällen!

Auf den Hirsch! auf den Hirsch! wohl in der Nacht,
　　Da ließ er sich vernehmen,
Da ist die Kampflust ihm erwacht
　　Und wollt' mit seiner Stimme Macht
Den andern 's Wort vergrämen.

Auf den Hirsch! auf den Hirsch! er spürt sich gut,
　　Vier Finger breit die Schalen;
An hohen Aesten wohlgemut
　　Das grüne Laub er wenden thut,
Sollt' heut' den Stolz bezahlen.

O Büchse, liebe Büchse mein,
　　Da geht's um Ruhm und Ehren,
Und wär' ich reich an Silber sein,
　　Eine Silberkugel müßt' es sein,
Dich würdig zu bewehren.

O liebstes Rohr, verlaß mich nicht,
   Nur sicher heut' und schnelle,
Wenn durch den wilden Wald er bricht
   Und ins Geweih die Ranken flicht,
O hilf, daß ich ihn fälle!

Spruchreime.

Vom Gemsbock lern' das Steigen,
Das Birschen lern' vom Fuchs,
Vom Spielhahn lust'gen Reigen
Und kecken Griff vom Luchs.

Wenn Hirsch und Gemsbock hoch bejahrt,
Sag' an, wie ist dann ihre Art?

„Ein alter Gemsbock, ein alter Hirsch,
Die spielen den Einsiedler gern;
Sie weilen beschaulich an stillem Ort
Und bleiben dem Rudel fern.
Wird aber am Wald des Herbstes Pracht
Vielfarbig aufgerollt
Und kommt für die Hochzeitfeste der Tag
Und schimmern die Lärchen in Gold,
Dann lassen sie eiligst die Einsiedelei
Und sind wieder schneidig und jung
Und sind die ersten voran im Tanz.
Sah's oft mit Verwunderung."

Hirsch und Gems, um diese zwei
Müht sich baß die Jägerei;
Doch eine Birsch nach schmucker Maid
Ist wohl auch ein lustig Gejaid.

Kein Heger, kein Jäger.

Das merkt, ihr Jagdgenossen:
Eine Rede, wie schön sie sei,
Hat nie ein Gambs erschossen.
So ist's und bleibt dabei.

Sag' an, mein lieber Waidmann, frei,
Was dir das ärgste Leidwesen sei?

„Es ist wohl hart, einen Gemsbock fehlen,
Man muß sich ja genug d'rum quälen;
Doch springt er dann erst recht herbei
Und schaut mit den verdrehten Lichtern,
Wer denn der scharfe Schütze sei
Und thut, als wollt' er nicht weiter gehen,
Und mußt den Bart hochschwankend sehen
Und spannlange Krucken mit prächtigen Hacken,
O Herr, da kann's wohl einen packen,
Und denke ich bei meiner Treu',
Daß kaum ein ärger Leidwesen sei."

Wem das Blut nicht kalt, nicht warm,
Hat zum Schuß den sichersten Arm;
Aber beim Singen und Gläserklingen
Wird's ihn auch nicht heben und schwingen,
Ei, da ist mir doch noch lieber,
Kitzelt den Schuß ein kleines Fieber.

————

Stahlfedern sonst und jetzt,
Wie seid verschieden ihr,
Bei Keilern sonst im Dienst
Und jetzt beim Schreibpapier.

Mit Baumwoll' schießen sie;
Granat und Feuerstein
Sind auch schon längst besiegt
Von zarten Pülverlein.

Es ändert sich die Welt,
Daß einem wahrlich graust,
Die Finger verlernen's noch
Zu machen eine Faust.

————

Lernst wohl auch beim Jagen
Für das Leben viel,
Ist mit Welt und Menschen
Oft dasselbe Spiel.

Thu' dann wie der Jäger
Draußen im Gefild,
Aber auch zu Zeiten
Mach' es wie das Wild.

———————

Ei, wie mag die Welt so fein
Und so seltsam herrlich sein,
Wenn dereinst, was kreucht und fleucht,
Alles von der Kultur erreicht,
Wenn wir Hirsche mit den Rehen
Wie die Rinder mästen sehen,
Wenn die Gems gemolken werden,
Zahme Schweine nur auf Erden,
Füchse nur die Maus genießen,
Achtungsvoll den Hasen grüßen,
Der nach Vorschrift auch diniert,
Kraut und Rüben respektiert,
Wenn du selbst an Damwilds Wedeln
Deutlich schauest ein Veredeln,
Fortschritt rings in der Natur
Und Dressur und Politur,
O, ich armer, armer Mann,
Daß ich's nicht erleben kann!

———————

Am Rehbock nicht die Farbe
Als Zeichen gilt, wie alt er sei,
Wohl geht's vom Braun ins Graue,

Doch wechselt's immer neu;
Stellt aber das Verfärben
Beim Waidmann mit dem Grau sich ein,
Dann wär' es wohl ein Wunder,
Sollt' der ein Spießer sein.

Das Jagen würzt den Schlummer,
Das Jagen würzt den Wein
Und gegen Liebeskummer
Kann auch nichts besser sein.

Die Sorgenvögel horsten
Am liebsten stets im Haus,
Nach frisch umgrünten Forsten
Wagt keiner sich hinaus.

Dort wächst der Mut im Jagen,
Das wissen sie gar gut
Und würden's bald beklagen
Mit ihrer ganzen Brut.

Waidmanns Heil von schönen Frauen
Hat sich oft bei mir bewährt;
Aber manchmal ging's verkehrt,
Ob auch standhaft mein Vertrauen.

Was war schuld? Ich will's euch sagen,
Dachte immer dann beim Jagen
Weniger des edlen Wilds
Als des schönen Frauenbilds.

———

Laßt das Rot den englischen Reitern,
Deutsche Jägerfarb' ist grün,
Wie die Farbe stolzer Eichen
D'ran die wilden Ranken blüh'n.

Ist des Auges liebste Farbe,
Keine labt das Herz so sehr,
Schimmert drin erneutes Leben
Bei des Frühlings Wiederkehr.

Jung und grün, und jung und jagen,
Wär's nur nicht so schnell vorbei!
Schwärmst ja noch in alten Tagen,
Wie es schön gewesen sei.

———

Stein= und Edelmarder sind
Wohl zu kennen beide;
Jenem ist die Kehle weiß,
Dem wie gelbe Seide;

Willst du aber Raub und List
An dem Paar vergleichen,
Darzuthun den größern Schelm,
Weiß ich keine Zeichen.

———

Ueber das Schießen.

Ei, ei, verdammt! daß mir der Bock
So schmählich durchgekommen;
Wie hab' ich denn auch unbedacht
Das Korn zu grob genommen!
Man kann nicht mit dem Büchsenrohr
Wie mit der Flinte spielen,
Das Schrotgepuff bringt einen noch
Um alles feine Zielen!

Ei, ei, verdammt! der Spielhahn war
Wahrhaftig nicht zu fehlen;
Wie konnt' ich mit dem Zielen nur
Mich gar so ängstlich quälen!
Ist doch die Flinte keine Büchs',
Ja, ja, das Büchsenschießen,
Das macht zu langsam, kannst dich nicht
Zum flinken Wurf entschließen!

O Leichtsinn, hätt' ich's doch gespart,
Den zweiten Schuß zu machen.
Die Ente war einmal zu weit
Und dennoch mußt' es krachen,

Jetzt rauschen ringsum Enten auf,
Als wollten sie mich fressen;
Ich werde diesen zweiten Schuß
Mein Lebtag nicht vergessen.

O Knickerei, den zweiten Schuß
So lächerlich zu sparen,
Ein Schrot wirft oft den Hasen um,
Man hat's genug erfahren;
Nicht schießen, heißt's, ist auch gefehlt,
Und was hätt's können schaden,
Kommt doch nicht alles auf einmal
Und ist ja schnell geladen.

Treibjagdlied.

Hinaus in den Wald
Dem Jagen zulieb,
Es glitzert vom tauigen Rasen,
Hinaus auf den Bock und den listigen Dieb,
Den Fuchs, und die Schnepfen und Hasen.
In den Wald, in den Wald!
Und laßt zum Aufbruch blasen!

Hinaus in den Wald!
He, Lurl, herbei,
Und der Waldl, der Schnauz und die Kleine;
Ihr treuen Gesellen, bald läßt man euch frei,
Ihr seht mir im Aug', was ich meine:
Es geht in den Wald,
Und thue dann jeder das Seine!

O liebliche Luft,
Wie duftig und fein,
Es kann sie kein Garten so hegen.
Und wirft auch der Mai seine Rosen hinein,
Nicht bringt er die Würze zuwegen
Wie der herbstliche Wald,
Wenn die harzigen Tannen sich regen.

Was nahet, was kommt?
Nußhäher, sag' an,
Was kreischest du auf in den Bäumen?
Ein Rehbock, ho ho! wie das Wetter voran,
Ei, den darf man nimmer versäumen.
Paff! nieder damit!
Nun rings wird es laut in den Räumen.

Hui! jagen sie hell
Der Waldl, der Schnauz,
Das Füchslein sie meisterlich kennen;
Im Zug ist der Tanz, o schelmischer Kauz,
Nun wirst du die Nase verbrennen.
Piff paff hin und her!
Und die Hasen, hallo! wie sie rennen!

Es lebe der Wald
Und es leb' das Gejaid
Und der uns das Pulver erfunden!
Ging's lebern und stille, das wäre mir leid;
Dem Knall bin ich lieber verbunden.
Es schalle und hall':
Heut' rühren sich fröhliche Stunden!

Spruchreime.

Tritt die Sonne mild hervor
Aus des Morgens lichtem Thor
Ohne Prunk doch königlich,
Freuen alle Herzen sich;
Kommt sie aber in Purpur gegangen,
Sieht's der Waidmann stets mit Bangen;
Denn dann lauft dem roten Schein
Schlimmer Pöbel hinterdrein:
Schlechter Wind und klatschender Regen
Folgen brausend ihren Wegen,
Trüben des Himmels helle Fenster,
Wecken die schlafenden Nebelgespenster,
Senden ringsum Nacht und Graus,
Jagen Jäger und Hund nach Haus.

————

Ein schönes Augenpaar
Das ist das Doppelgewehr,
Dem sich der Jäger ergiebt,
Da hilft kein Trotzen mehr.

————

Der Amorbub' ist männiglich
Als Scharfschütz wohl bekannt,
Drum haben ihn die Mägdlein sich
Zum Kammerjäger ernannt.

Spielho', gieb acht, daß bi b'Bix nit b'erlangt;
Jaager, gieb acht, daß bi' 's Dienbl nit fangt.

Vor die Dienbln nimm bi' in acht,
D' Lieb' gar blind und baamisch macht;
Ko'st es in' Lanks* am Federwild segn,
Is aar 'n Hirsch oft Loads* b'rum g'schegn,
Und daß b' klüger als der willst sei',
Jaagabua, drees bilb' dir net ei'.

Willst b'erfragn,
Wo der Hirsch hat g'schlag'n,
Frag' koan' Jaaga, der giebt's nit a',
Frag' jungi Taannln*, bist besser bra'.

Nit leicht jagst an' Has'n vo' Hof und Haus,
Kimmt bald wieder hoam, bleibt nicht lang aus;
An' Hirsch'n aber ko'st leicht vergräma,
Da muaßt 'n Handl scho' feiner nehma.

---

* Lanks = Frühjahr. Loads = Leides. Taannln = Tannen.

Nimmst an' guat'n Stutz'n mit,
Der d'erspart dir vieli Schritt';
Nimmst a schlechti Bix, mei' Bua,
Nacha laafst umsunst grab gnua.

An' Dreier* saufa, an' Da'ser* schießn,
Werd 'n Geldbeutl bald verdrieß'n.

---

* Dreier = drei Kreise auf der Scheibe. Da'ser = Einser = e i n Kreis
auf der Scheibe.

Auerhahnfalz.

Wenn die Buchen knospen, so denke dran
Und kürze den Schlaf, o Waidemann,
Und zieh' zum Wald, eh' graut der Tag,
Viel schöne Lust dir blühen mag.

Und lauschend birsche durch die Nacht
Um die alten Eichen mit Bedacht,
Nicht zagend ob des Käuzleins Ruf,
Der Herr auch bessere Vögel erschuf.

An den Auerhahn denk', an den Auerhahn,
Der allen an Stolz und Pracht voran;
Ihm gilt der nächtliche Waidwerksgang,
Er gilt seinem heimlichen Falzgesang.

Des Morgens Zwielicht, das ist die Zeit,
Wo er zu musizieren bereit,
Wo zwischen Mond= und Sonnenglanz
Die Hennen er lockt zum Hochzeittanz.

Horch! hörst du das leise Klipp und Klapp,
Es trägt's der Wind wohl auf und ab;
Horch! jetzt der Hauptschlag, nun voran,
Das Schleifen schließt sich deutlich dran.

Da springt der Waidmann, lauscht und springt,
Das Falzen immer näher klingt;
Wo steht der Hahn, der Tag schon graut,
Das Aug' nach allen Gipfeln schaut.

Sieh! dort der Ast, da regt sich 'was,
Da steht er; nun genau ihn faß'
Und wenn er schleift, fahr' keck hinein
Und schieß' nicht wankend, er ist dein.

Und rings der Schuß die Vöglein weckt,
Die schlafend in Busch und Baum versteckt,
Und keines von ihnen bekümmert der Tod,
Sie alle frisch grüßen das Morgenrot.

Die Drossel beginnt den melodischen Reih'n,
Es zwitschern die Meisen und Finken drein
Und die Rotkehlchen auch, es wird laut überall
Von Lieben und Locken in fröhlichem Hall.

O wie hold sind die Lieder, wie hold euer Sang,
Wenn gnädig Hubert, wenn das Waidwerk gelang;
Doch wenn es mißlungen im trügenden Licht,
Dann schweigt nur, ihr Vöglein, dann hört man euch nicht.

Spruchreime.

Schieß' auf der Scheib' einen Dreier,
So triffst du auch einen Reiher;
Kannst einen Zweier du schießen,
Mag's wohl eine Gans verdrießen;
Geht ein Einser nur an,
Noch triffst du den wilden Schwan;
Aber ein Loch im Weißen
Wird keinen Vogel verheißen.

Glatt, gestriegelt und angethan
Wie wohl Sonntags ein Kaplan
Will nicht gut zur Gemsjagd stehen;
Muß man aber Männer sehen,
Wild bebartet und verwettert,
Und die lange Flinte schmettert
Auf ein singend Vögelein,
Das steht doch noch minder fein.

Der fängt kein Haselhuhn,
Der ein rauhes Pfeifen beginnt,
Und wer nicht fein will thun,
Auch keine Maid gewinnt.

Von allen Schreiern auf der Welt
Der Kuckuck mir am besten gefällt;
Keiner wie er so kurz und gut
Einen wahrhaften Frühling verkünden thut.

—

Was doch die Liebe alles kann!
Macht blind und taub den Auerhahn
Und selbst den wildesten Waidemann
Zum allergehorsamsten Unterthan.

—

Beim Auerhahnfalz ein Stürmen und Regnen,
Beim Birschen ein altes Weib begegnen,
Ein hitziger Hund beim Schnepfenbuschieren,
Die Rotfährt' im sumpfigen Grund' verlieren,
Nachschlagen und Versagen der Büchse,
Fuchsriegeln im Winter und keine Füchse
Und Tasche und Flasche verödet und leer,
Das alles bedrängt einen Waidmann sehr.

—

Ein Schrotschuß ist ein Schnaberhüpfl,
Das jeder bald traktieren kann,
Ein wenig besser oder schlechter,
Es liegt so gar viel nicht daran;
Ein Kugelschuß, der ist dagegen
Vergleichbar einem feinen Lied,
Wer's leicht nimmt, kommt zu keinem Preise:
Das ist der beiden Unterschied.

—

Ein schönes Mägblein ist ein Magnet,
Gar mächtig zieht's den Mann;
Ein wildreicher Wald es auch versteht,
Zieht oft noch stärker bran.
Und zieht es einen so hin und her,
Nicht wüßte ich, was schöner wär';
Drum Liebe und Gejaid
Gelobt seid allezeit!

————

Der Liebe Lust und Poesie,
Die sind ein flüchtig Spiel,
Und ist's mit deinem Frühling 'rum,
Bedeutet's nicht mehr viel.
Des Jagens Lust und Poesie,
Die haben bessern Halt
Und bleiben sonder Wandel treu,
Ob jung du oder alt.

————

Auf des Schnees weißem Blatt
Kannst in roten Lettern lesen,
Ob dein Schuß gerecht gewesen,
Der dem Wild gegolten hat.
Und dich freut oft mehr fürwahr
Jener Purpurschrift Gezweige
Als ein Liebesbrief sogar;
Doch dem Liebchen das verschweige.

————

Im Wirtshaus auf der Bank,
Wenn Bieresfluten fließen,
Da spricht gar mancher Held
Vom Steigen, Birschen, Schießen;
Doch draußen auf der Wand,
Wo wild die Wasser brausen,
Da hängen die Flügel ihm
Und schüttelt ihn das Grausen
Und möcht', zu retten die Haut,
Sich selbst ins Gambs verwandeln:
So spielt der Unterschied
Von Sprechen und von Handeln.

———

Wer durstet, wenn ihm der Becher schäumt,
Wer jagen kann und es versäumt,
Wer lieben kann und es verträumt,
Wie sonst gemacht sein Ruf auf Erden,
Es kann doch noch ein Narr draus werden.

———

Halt' in allen Freuden Maß,
Solches darfst du nicht vergessen,
Gilt es aber lust'ge Jagd,
Magst du wohl 'was drüber messen;
Denn der Teufel haßt die Jagd,
Weil sie kräftigt Leib und Seele,

Und er denkt gar fleißig stets,
Wie er drum die Jäger quäle,
Zettelt schlechtes Wetter an,
Läßt die Nebel niederkauern,
Hetzt und wiegelt greulich auf
Die Kulturer und die Bauern.

———————

Zum Lob der Jägerei.

Und wenn es nichts ums Jagen wär',
Als frei im Holz zu streifen,
Zu lauschen wie der Kuckuck ruft
Und wie die Finken pfeifen,
Zu atmen frischen Tannenduft
Und taugekühlte Morgenluft,
Es wär' genug der Lust dabei
Zum Lob der Jägerei.

Und wenn es nichts ums Jagen wär',
Als fern vom Stadtgewimmel
Durch Lauben, wie sie baut der Wald,
Zu schau'n den blauen Himmel,
Den Schwätzern aus dem Weg zu geh'n
Und keine Narren mehr zu seh'n,
Es wär' genug der Lust dabei
Zum Lob der Jägerei.

Und wenn es nichts ums Jagen wär',
Als dran die Zeit gewinnen,
Ein Liedlein an das Liebchen fein
In Ruhe zu ersinnen,
Und würde ob dem holden Bild
Vergessen selber gar das Wild,
Doch wär' genug der Lust dabei
Zum Lob der Jägerei!

Jagdlieder.

Oberbairisch.

———

Der Gebirgs-Jager a'm Anstand.

„Der Grab'n, der is wunderschö',
„Da setz' i mi' geh her,
„Da sich i aus auf alli Steig',
„Es geit koan schönern mehr.
„Da drob'n in den Latschnkopf,
„Da muaß a Gambsbock sei'
„Und will er in an' Laane zieg'n,
„Muaß er in' Grab'n rei'.
„Und unterhal' da spürt si' frisch
„A Hirsch als wie a Kuh';
„Der thuet si' aa' schon amal um
„Und Vort'l hon i gnua."
So setzt si' halt der Jager o'
Und sitzt gar manchi Stund
Und denkt, was an den schön'n Platz
Ihm alles kemma kunnt.
Wann ebber 's Glück a bißl wollt'
Und kaam ihm gar a Luchs,
„De' Hannes hat oan so de'wischt,
„Hot g'moant, es kimmt a Fuchs;
„A Luchs, ja der will g'schoss'n sei',

„Denn 's Treffe' is gar kloa'." —
Da schaugt er ihm sei' Bix'n z'samm,
Er moant, 's kunnt's bengerscht thoa'. —
„Bei'n Sepp is's g'west a seller Ort,
„Wo kemma is der Bär;
„Der wann jetz' kaam und trabet geh
„Am obern Steig daher,
„Den schlüeg's wohl abi über b' Wand —
„Was thaat der Förschter sag'n,
„Dees thaat an' Weltspektakl geb'n,
„A Schaug'n und a Frag'n.
„Da waar wohl 's Diendl stolz auf mi',
„Verzählet's alli Leut —
„Und traget funfasiebez'g Guln,
„A Narr, dees waar a Freud;
„Thaat's aa der Kini inne wer'n,
„Kaam ja in b' Zeitung 'nei',
„Der waar in Stand und saget glei':
„Der Schütz soll Förschter sei'. —
„Und kaam a Wolf, waar aa' scho' recht;
„Ja b' Wölf, die genge' weit,
„Und selli Plätz, die suche's auf,
„Wo's 'was zu'n Jag'n geit.
„Do müßt ma' wohl a Stutz'n her,
„So schö' mar 'n denke' ko'
„Und auffi g'schnitzt der Wolf am Schaft
„Und Silberplattln dro',
„Und frieg'n s' auf die Schießeter.
„G'hört der oan' vu der Stadt,

„So hoaßet's: Naa, der g'hört denselln,
„Der 'n Wolf de'schoss'n hat." —

So hat der Jager furt stubiert
Mit seiner g'spannt'n Bix',
Bis 's woltern dunkel wor'n is —
Aber kemma 'is ihm nix.

Der alti Jaaga.

Es steigt an' alter Jaaga
Von Berg dahi',
A' Gambsei drobn schieß'n
Hat er im' Si'.
Bei'n Pfarrer drunt' is Kirta';
Da soll er für den Herrn
In d' Kuchl an' Jahrling liefern,
Dees Wildpraat hat er gern.

Der Jaaga birscht gar fleißi';
Da kimmt an' Eck
Und drent'n zeigt si' abi
A Laanafleck.
Und wier er dort schaugt eini,
Glei' sicht er Gambsei'n steh',
A Goas, a Kitz, zwoa Jahrling;
Jetz' kunnt' wohl ebbes geh'.

Sie äf'n, springa, scherz'n;
A Böckei gar,
Dees jagt die oan' wohl hin und her
Als wier a Narr,

Der is scho' voller Fax'n
Und geit halt gar koan' Ruah.
Der alti Jaaga schaugt ihm grad
Mit still'n Lacha zua.

Mei'! denkt er, wie d' no' jung g'west,
Hast's aa' so g'macht,
Hast aa' so springa mögn,
Gern g'scherzt und g'lacht,
Hast oft aa' g'hetzt die Dienbln;
Dees is wohl g'west a Zeit!
Und wie so g'schwind verganga is's
Und all' die Lustbarkeit!

Jetz' rennt ihm 's Böckei zuawi,
Jetz', Alter, schieß'!
Schau, wier er drent steht an der Wand
So schö in Mies!
Und aber 'hat nit g'schossn;
Ha' was er ebba thuat,
Legt b' Bix a'm Bob'n und steht auf
Und winkt na' mit'n Huat

Und schreit: „Jetz' geh', du Schlanggl,
„Dees G'schpiel is gnua,
„Es kunt' verschmacha sunst mei' Bix;
„Geh' zua, geh' zua!"

Hui! san s' dahi' — na sagt er:
„Der Pfarrer haut gern ei',
„Und braacht' ihm gar den Jahrling no',
„Es kunnt' ihm schäbli' sei."

Jagalied.

Was waar's denn um 's Lebn ohni Jag'n,
Koan' Kreuzer nit gebet i drum;
Wo aber a Hirsch zu'n b'erfragn,
Wo's Gambsei'n geit, da reißt's mi' 'rum.
Ja, s Jag'n dees is mei' Verlanga;
Ho's zeiti scho' mög'n a'fanga,
Ha ho! und mei' g'führigi Bix,
Und i' sag' halt, da brüber geht nix.

Thäat's hocka bei Diendln und Kart'n,
Thäat's tanz'n und keg'ln grad gnua,
'Will lieber an' Hirsch'n d' erwart'n
Und birsch'n drauf spat ober fruah.
Dahoamtn da mag i' nit bleibn,
'Will braußtn mi' umanand treiben;
Mei' Musi' san b' Vögerln in Wald
Und die macha mar auf, wie's ma' g'fallt.

Steig' auffi, steig' abi, steig' eini,
A Gambs is a Steigerei wert,
A Gambs is gar flüchti' und schleuni',
Und leicht geht der Hand'l verkehrt.

Drum is aa' an' Ehr' dabei z'gwinna,
Und muaßt 'was versteh' und 'was kinna;
Denn der si' nit recht z'sammanimmt,
Aa nit leicht zu'n an' Gambsbartl kimmt.

Hoch vivat, die Berg soll'n leb'n
Und 's Woadwerk und wer 'was drauf halt'!
Mein' Schatz will i 's Edelweiß geb'n
Und hoff mir aa' g'wiß, daß's ihr g'fallt;
Denn thaat sie's nit lusti' bitracht'n,
Decs jagerisch Bliemi veracht'n,
So ließ' i s' aa' laaffa gar bald
Und thaat' hauf'n alloani' in' Wald.

Die stoanern' Jager.

Zwoa Jager steig'n in an' Gwänd',
's red't koana nit a Wort;
Sie steig'n langsam nach der Höh',
Es is a schiecher Ort.

Und wie s' jetz' kemma gegen b' Schneid,
Da rast'n s' auf an' Eck;
Sie segn schier zun Ferchtn aus,
So barti, wild und keck.

Just graut der Tag, der Nebi liegt
No' tief herunt' in Thal;
Von sell'n Platz, da sicht ma schö'
Viel' Dörfer auf amal.

Und wie s' a Weil so rast'n thien,
So hörn s' Kirche'gläut,
In b' Fruhmeß ruft a Glöckl z'samm,
Dees Läut'n hört man weit.

Da stopft der oa' a Pfeif' Tabak,
Der anber putzt sei' Bix
Und Branntwein trink'n s' aar an Schluck,
Aber bet'n thien s' nix.

Und wieder üb'r a kloani Weil,

Da läut't dees Glöckl drunt,
„Jetz' wandln s' erscht,“ lacht da der oa',
„Mir wandln scho' zwoa Stund'.“
„„Ja Wandeln hi' und Wandeln her,““
Hat wild der ander gsagt,
„„A Gamsbock ischt mer allweil mehr““
Und hat sein Stutz'n 'packt.

Und weiter steig'n s' über's Eck
Und schaug'n in Grabn 'nei,
Da steht a starker Gambsbock drinn,
Der werd bald ihna sei.

Da schießt der oa', er fallt no' nit,
Der ander aa' zünd't o',
Und auf die Schuß, da hat's an Hall'
Als wie a Dunner tho',
Als schlieg' a Wetterstroach grad ei';
Was dees bedeut'n soll?

Die Schütz'n rumpin in anand,
's is ihna nimmer wohl;
Denn schau, der Bock in Grab'n drunt'
Werd zozet wie a Bär,
Die Krikln werr'n großi Horn
Und feuri' schaugt er her.

Dees is koa Gambsbock, gnad' da Gott,
Dees muaß der Teufi' sei' —
Da pack'n g'schwind die Jager z'samm
Und laafa woltern sei';
Auf oamol aber lass'n s' aus,
Es werr'n b' Füß' so schwaar,

Und grab als wann der jüngsti Tag
Auf Erb'n kemma waar,
So ziegt a Nacht und Wetter 'rei;
Koa Schrittl kinne s' geh',
Und 'Blut is wor'n so kalt und starr,
Als sollt's auf ewi' steh'.
Und horch in' Wettersturm da hallt
A Schroa weit über's Land —
Da is a grausi Wandlung g'schegn,
Verhängt von Gottes Hand. —
Wohl wieder drunt' zu'n Bet'n läut't
Des Glöckl aus der Fern',
Die drob'n san aber wor'n Stoa',
Sie kinne's nimmer hör'n.

Bei Salzburg steht a hocher Berg,
Der Staufn, wer 'n kennt,
Da san zwoa langi Fels'n ob'n,
Die stoanern' Jager g'nennt.
Die Fels'n stenga heunt no' da
Als Zoache von den G'richt —
Der Kruag, schau, geht so lang zum Brunn',
Bis er amal dabricht.

Die Füchs'.

In Wald steht a Hütt'n; da sitz'n beinand
Drei Jaga, die prahl'n und sprecha:
No morg'n, da woll' mar s' mit Pulver und Blei
Amal schö' sauber b'erblecha;
Mir schieß'n 'n Hirsch, Ees werd's es segn
Und Böck und Has'n, so viel ma no' mögn. —
Und a Hasl sitzt draußtn in' Gras versteckt,
Dees hat seine Löffi gar hoch aufg'reckt
Und hat alles g'hört bei der still'n Nacht
Und hat si' danacha g'schwind weiter g'macht.
Und is dir halt gritt'n durch Acker und Feld
Wie a Narr und hat's die Kammrab'n verzählt
Und hat unterwegs aar an Rehbock g'segn,
Den hat's es aa' g'sagt, was morg'n soll g'schegn,
Und der Bock hat's an Hirsch wieder weiter bericht't,
's is g'west a verzweiflti bösi G'schicht.
Und Hirsch'n und Has'n und Böck mitanand
San furt in der Nacht in an anders Land. —
In den Wald hamm g'haust aar an etlichi Füchs',
Die armi Teufi wiss'n vo' nix;
Es hätt' wohl a Hasl von weit'n oan' g'segn,
Es hat ihm aber nix zurufa mög'n
Und koa Hirsch und koa Bock hat ihna 'was g'sagt,
Daß morg'n sollt' sei' a so grausami Jagd.

Jetz' san halt die Füchs' schö' sauber 'blieb'n
Und hab'n umsunst ihna Schleicherei trieb'n,
Und drauf in der Früh', ja grad für an' Jux,
Der ersti Derschosseni is g'west a Fuchs,
Und richti' san s' alli derschoss'n wor'n
Und sunst nit a Hasl, nit hint' und vorn.

———————

Verstehst es, mei' Freund, was des G'schichtl bideut't?
Schau, so geht's in der Not aa' die bös'n Leut'.

———————

Der Gambsjager.

Wo 's Edelweiß blüht in der Fels'nwand,
Da brob'n bin i gar wohl bikannt,
Da brob'n freut mi' mei' Leb'n sei',
I moa', es kunnt' ninberscht schöner sei'.

Da brob'n, da hast an' Fried' vor die Leut',
Da is's ihna z'hoch, es is ihna z'weit;
Da brob'n bist mit bein' Gott alloa',
Da laßt si' all's leicht und fröhli' thoa'.

Und mag oaner sag'n, was er will,
Werd's dort auf b' Nacht so einsam, so still,
Und wann über b' Schraak'n funk'ln die Stern,
So bet' i wahrhafti' no' so gern.

Moanst wohl, a Gambsjager waar so arm
Und war so verlass'n, daß Gott b'erbarm'?
Es is nit a so, schau', denk' no' bro',
Wie kaam er denn sunst mit'n Leb'n davo'.

Wie gleimer bei'n Himmi wie sicherer bist,
Daß bi bei' Schutzpatron nit vergißt;
Herunt' in Gewurl, da kunnt's leicht g'schegn,
Er thaat bi nit allemal richti' segn.

Und schau, der Teufi, sei' Lebta' nit dumm,
Der thuat si' herunt' aa' viel lieber um;
Wo b' Mensch'n so rub'lweis beianand,
Da fangt er ja leicht oan' mit der Hand!

Da drob'n, da thaat's der Müh' nit o',
Es kunnt' ihm aa' g'schegn, er fallet ro';
Denn an' Jager den steht sei' Schutzengl bei:
Der Teufi hat koan', der kuglet glei'.

Drum bin i gern drob'n in meini Wänd',
Wo der Gambsbock auf und nieder rennt,
Wo b' Mankei'n pfeifa unter die Stoa',
Bi' gern mit mein' Gott da drob'n alloa'.

Der Auerho'.

A'm Ho'falz muaß ma' fruah bra' sei',
He Bua, wach' auf!
Schö' glanz'n b' Sternei'n, b' Nacht is schö',
Hallo, steh' auf!

Da richt't si' zamm der Jagabua,
Geht 'naus ins Holz;
An' Auerho' möcht' er schießn gern,
Den Vogel so stolz.

Er schleicht und luust bal' da bal' dort,
's is alles still,
Es rührt si' nix, ob ebba der Ho'
Nit falz'n will.

Horch, dak und dak, ha ha, da bist,
J' hör' di scho' —
Jetz' gieb wohl auf sei' G'sangl acht
Und spring' 'n o'.

Da springt er, wie er 's Schleifa hört,
Da's, zwoa und drei,
Und luust gar fleißi' nach 'n Sprung
Und springt auf's neu. —

Der Auerho' in seinem Sinn
Denkt an sein' Schatz,
Er hat zu seiner Lustbarkeit
Den schönst'n Platz.

Er schnack'lt schneidi', daß's a Freud
Und schleift allbot,
Der Ho' meinoad is kreuzwohlauf,
Traamt vo' koan' Tod.

Wie d' Lieb so blind is, denkt der Bua,
Es is a Graus,
Gel', d' Lieb! 's is g'schpaßi', und er denkt
An 's Lisei z' Haus.

Für 's Lisei, moant er, bist du aa'
An' Auerho',
Du haltst gern aus und birschet di'
Leicht oaner o'.

No', wann d' 'n bringst den Vogel heunt,
Da werd s' wohl schaug'n —
Er freut si' in Gedanke' scho'
Auf ihri Aug'n.

Und drüber springt er, oa's und zwoa,
Jetz' halt! 's is gnua,
Der Ho' hört auf; was Sapprewalt,
Was springst no' zua!

Da hat er weg'n an' Liesei z'viel
A' Schrittl tho',
Gel', d' Lieb! — es rauscht von Tanne'baam,
Furt streicht der Ho'.

———————

Der Gang in's Hocheis.

Der Kini hat z' Bertlsgab'n g'jagt,
Na' hat er b' Jaagerei dort g'fragt,
Was jeder scho' B'sunders g'schoss'n hat;
Da kimmt mi'n Red'n koana z' spat:
Der oa' — an' Gamsbock von achtz'g Pfund,
Der oa' — an' Luchs wie der größti Hund,
Der oa' — an' Hirsch vo' achtzeh' End',
Wie kaam mehr oana umarennt,
Und halt so furt; na' steht dabei
A junger Bursch aa' in der Reih,
Der is ganz rot wor'n, wier er 'n fragt,
„I woaß nix B'sunders," hat er g'sagt,
Und hat ihm weh im Herz'n 'tho',
Daß er gar nix kunt' geb'n o'.
Drauf hat der Kini no' weiter g'red't,
Ob koana koan' Adler b'erschoss'n hätt'.
Da hat's g'hoaß'n: „Na! san nit guat krieg'n
Und thuat oan gern der Schuß betrüg'n."
So is dees g'west', und der jung' Bua
Hat seitdem nimmer g'habt an' Ruah
Und denkt an gar nix anders mehr

Als an an' Adler; der muaß her,
Daß, thaat der Kini wieder frag'n,
Er aa' was B'sunders hätt' zu'n sag'n. —
Drinn z' Bartlmä a Wocha drauf
In's Hocheis dort'n steigt er 'nauf;
Da in die Wänd' hint' voller Graus
Streicht gern an' Adler ei' und aus.
In' Hirbst is's g'west, scho' woltern spat,
Da is der Gang nit lusti' grad,
Und is schon aa' an biawei'n g'schegn,
Daß oana nimma kemma mög'n,
Der just ihm z' keck da eini g'wagt,
Wo mancher scho' vo' weit'n zagt.
Was aber fragt der Bua da drum,
Und gaang' selm gar der Teufi um,
So waar er 'nei, und waar's alloa'
Vontweg'n denselln Verzähl'n z' thoa'. —
In's Hocheis geht a' schiecher Grab'n
Z'nachst an der wildn Hachlwand,
Mit G'röll und Löcher allerhand;
Vo' Schnee a langer Stroaf geht 'nauf,
Mit 'brocheni Stoablöck oben drauf,
Und in der Mitt' a Schroff'n steht,
Wo's übrall pfeilgrad abi geht;
Der Schroff'n mit sein' nass'n G'wänd',
Der hoaßt „die Kirch", wer's ebba kennt,
Und wie der Bua kimmt hi' dageg'n,
Da hat er an' Strick drob'n hänga segn.
A Wildpret, dees si' 'nauf verstieg'n,

Hamm b' Jaaga g'schoss'n b' Woch' vorher,
Dees macht wohl Arbet und a G'scheer,
Und vo' der Kirch' dort aus an' Loch
Muaß o'g'soalt wer'n woltern hoch.
Kunnt ebba no' was sellas g'schegn,
Na' hamm s' den Strick dort lass'n mög'n. --
Selm steigt der Grab'n schirfer o'
Und links und rechts in Watzmo' dro'
Geht's auffi gaach, als waar' koan' End'
Grab Mauern aufananb und G'wänd',
Und grausi' schaug'n die Boiv'n 'rei',
Als thaat's eahr wahrhaft z'wider sei',
Wann's hör'n tief drunt' an' Mensch'ntritt,
Als wollt'n s' wihr'n an' jb'n Schritt. —
Wo na' um b' Kirch muaß 'rum der Bua,
Dort spirrt der Schnee 'n Grabn zua,
A Wildbach wühlt si' brunter für,
A hänge'bs Eisthor sichst vor dir,
Draus rauscht a Luft, möcht' frier'n an' Stoa'
Und zittert oan' durch Mark und Boa'.
Da muaßt b' jetz' durch! Mach' Reu und Leid;
Denn bricht 's Thor, is's um's Leben g'seit. —
Da stutzt der Bua und bleibt wohl steh',
„Es waar' scho' recht, ba durcha geh',
„Dees Eis hängt aber g'fährli' schwaar
„Und sichst nit, wo an' Ausgang waar,
„So tief und finster geht's ba 'nein';
„Ob nit an' andra Weg kunnt sei'?
„— Na! 's thuat's nit anders! — Geh, kehr' um,

„Leicht umesunst steigst weiter 'rum
„Unb kimmst aa' 'nauf, wer woaß wie's is,
„An' Abler is ja bo' nit g'wiß —"
Da fallt ihm wieder der Kini ei',
Der kimmt bees nachst' Jahr wieder 'rei,
Werd wieder um an' Abler frag'n,
Wie waar's na' schö', kunntst bu was sag'n.
Wer nix will wag'n, aa' nix g'winnt,
Unb nimmer lang der Bua ihm b'sinnt,
A Jaagabluat muaß schneibi' sei' —
Unb unter 's Eisg'wölb steigt er 'nei. —

    Was thuast nit, bal' b' jung bist,
    Was fangst nit all's o',
    Unb hänget oft selber
    's ganz' Leben aa' bro'.
    Um an' Wink von an' Dienbl,
    Um a Wort weg'n der Ehr',
    Den letzten Bluatstropfa
    Glei' gebet mar 'n her,
    Unb b'sunders a Jaaga —
    Unb kemmat a Zeit,
    Wo's nimmer so waar',
    Pfüt' bi Gott, na' war's g'feit,
    Na' wur' wohl a Trübsal,
    Daß's gar nit zu'n b'schreibn
    Unb b' Welt scho' so loami',
    Daß nimmer zu'n bleib'n.

————

Für deesmal is 'n Buab'n nix g'schegn,
Er hat 'n Tag bal' wieder g'segn,
Und wier er 'rauskimmt unter'n Eis,
Da hat ihm 'taugt sei' Schneid' und Fleiß,
Wann drob'n aa' d' Welt mit Stoa' verkeit,
Der liechti Himmi hat 'n g'freut,
Dees liebi Blau, der Sunnaschei',
Die mach'n aar a Wildnis fei'.
Er kent' ihm froh a Pfeiferl o'
Und richt't si', daß er's segn ko',
Wann just von' hocha Watzmo' her
An' Adler 'reikaam nach der Quer',
Denn dees g'schicht 's Tags oft etlimal;
Na' streiche's ringsum hi' am G'wänd,
Desselbi hat der Bua scho' kennt. —
A Junga hat beim Jaagn Glück,
Kaam hockt er selm an' Aug'nblick,
So sicht er auf der entern Seit'
In aller Pracht und Herrli'keit
An' Adler! Schau in' schönst'n Zug,
Rührt b' Flüg'l kaam in' stolz'n Flug
Und wiegt und biegt vo' Wand zu Wand;
Der Bua schier zittert auf sein' Stand,
Und buckt si' gleim hi' an an' Stoa —
O treffet er 'n, o möcht's es thoa!
Und wie der Adler näher kimmt
Und wier er d' Bix zum Schieß'n nimmt,
Da klopft ihm 's Herz — jetz' nimm di z'samm',
Jetz' waar's nit z' weit, jetz' ko'st 'n hamm;

Da schnallt's! und laut der Widerhall
Na' tost dahi' in Berg und Thal.
Was is's? Auweh, er streicht davo',
Grad so an' Taucha hat er 'tho';
Dort streicht er abi über's Eck
Drunt' bei der Kirch', jetz' is er weg.
O arma Bua! 'schaugt allwei' no',
Der Adler is scho' lang davo'. —
Da werd er aufg'weckt auf amal;
An' Schlag thuat's in der Hachlwand,
Als sprenget's drob'n an' Berg vonand',
Und z'höchst kimmt aus an' Spalt'n 'raus
A Fels'ntrumm als wier a Haus,
Und aba bunnert's, kracht und bricht
Und reißt all's mit in grauf'n G'wicht
Und wirft die größt'n Stoa'blöck 'rei'
Und Wolk'n Staab na' hint'ndrei',
Daß weit koa Wand gar nimmer z' segn,
Als waar der Nebi drüber g'leg'n.
Der Bua springt auf, denn grad is's g'west,
Als waar koa Stoa' in' Berg mehr fest,
Und drob'n die Gambs fahr'n kreuz und quer
In größt'n Schricka hin und her,
Und Schlag auf Schlag dort raffit's 'ra'
Und sauft und fliegt in Grab'n 'na';
Da hat's drinn g'arbet, g'müt't und 'tho',
Als schlüg' ma' großi Glock'n o',
Ja was is dees? Was ko' dees sei'?
Wahrhafti', 's Eisg'wölb drunt' bricht ei'

Der Bua hat nit g'wißt, wier ihm g'schicht,
Schier is er wor'n bloach in' G'sicht,
Und lang hat's 'braucht, bis 's g'habt an' End'
Dees G'sauß und G'rumpi in die Wänd'. —
Gel', 's Eisg'wölb', dees hat's z'sammag'schlag'n,
Jetz' ko'st di' leicht no' irger plag'n
Mi'n Abageh' und kunnt aa' sei',
Daß d' nimmer ko'st in Grab'n 'nei'.
Da steigt er 'ra', hat's glei' d'ersegn,
A Wand vo' Eis is drunt'n g'leg'n,
A Spalt dazwisch'n, tief und weit,
Da durchsteig'n is koa Mögli'keit,
Wie's aufaschaugt so grea und kalt.
Was thoa' jetz'? D' Nacht kimmt aa' scho' bald,
Na' geht's bir schlecht — da fallt ihm ei'
Der Strick dort an der Kirch', kunnt sei,
Es thaat's, daß d' di bra' abalaßst —
Da hat 'n do' a Schauder g'faßt
Und allerhand kimmt ihm in Si'.
Nutzt nix, am Strick 'ra', sunst bist hi',
Denn bis a Hilf' kimmt, bist d'erfror'n,
No' frisch, no' is nit all's verlor'n.
Da steigt er bei der Kirch' jetz' o'
Und 'nauf, wo 's Soal in Fels'n dro'
Und schaugt na' abi über d' Wand,
Da sicht er drunt' 'was auf'n Sand —
Is's mögli', ja wahrhafti' ja,
Es leit stoatobt der Adler da!
In Gottesnam' jetz' is alles guat,

Und 's kimmt ihm wieder Schneid' und Muat,
Und flink am Strick laßt er si' 'ra',
Und glückli' geht's in' Grab'n 'na';
A Sprung, a Juchezer hochauf,
A „Gott sei's dankt!" wohl aa' scho' drauf,
Und packt sein' Adler bei die Flüg' —
„Jetz' kimm' der Kini, wann er mag,
„Es werd für mi' a Freud'ntag,
„Jetz' soll er um an' Adler frag'n,
„Jetz' kon' ihm aa' was B'sunders sag'n!"

Gamsjagd.

Koa lustigers Leben meinoad
Als Jaagern in' Berg umananb,
   Is der Weg nacha schmal ober broat,
Geht a Grab'n her ober a Wand,
   Dees is mir oa' Ding,
Und bal's no' grad Gambsein gnua' geit,
   Acht' i alles gar g'ring!

   Herunt'n leicht Jaager d'erfragst
Auf Henna und Has'n und Füchs',
   Wo drob'n aber 's Edelweiß wachst,
Da taug'n die mehrer'n nix;
   Aber i bi' dabei,
Denn „wie höcher wie lieber", dees is
   Mei' Spruch allewei'!

   Sichst 'n steh', wier er hofft, wie er schaugt,
Wie der Teufi so schwarz und so wild,
   A sella Bock is's, der ma' taugt,
Und i trau' mir aa', daß er's verspielt;
   Denn a so ober so,
Und steiget er eini in b' Höll',
   I krieg' n halt bo'!

Schöni Graan'ln*) a Ringei wohl zier'n
Und 's g'freut mi' und g'fallt mir guat,
   Wann der Spielho'*) sei' Schaar muß verlier'n
Und wann i mir's steck' auf'n Huat;
   Aber bring' i mir z'weg'n
An' wachle'b'n*) Gambsbart, verstehst,
   Da is alles nix dageg'n!

---

* Graanl = Haden, die zwei Eckzähne beim Hirsch; Spielho' = Birkhahn,
dessen Stoß Schaar = Scheere heißt; wachle'b = wehend.

Spielhahn.

„Von' Spielho' die Federn,
Von' Hirsch'n das G'weih (und)
Von' Gambsei die Krick'ln,
Von' Diendl die Treu'.“

„Und bal' der Ho' falzt
Is a gar schöni Zeit,
Und a Paar krummbi Federn,
Die san halt mei' Freud'.“

———————

Spielho'-Falz.

Der Lants is da, steck' Bliemin auf,
   Wer ihm nix schieß'n ko',
I will a krummbi Federschaar',
   Da muaß a' Spielho' dro'.

I geh'n ihm z'lieb durch's Filz'nmoos
   Voneh' der Tag no' kimmt;
Dieselbinge, die schlafa woll'n,
   San um den Vog'l g'stimmt.

I geh'n ihm z'lieb, waar's no' so weit
   Und no' so fruah und frisch,
Es spielt si' um a schöni Schaar',
   Nit um an' Flederwisch.

Spielho', wo bist, Spielho', mach' auf
   Und grugl', blas' und spring',
Es san ja deini Hohzet-Täg',
   Und die nimmt koana' g'ring.

Da blast er scho', da grugelt er,
   Mei' Flint'n blast aa' drei',
Sie blast ihm b' Federn um und um,
   Jetz' g'hört der Vogel mei'.

So hol' i mir an' Federpuß,
   Schau', fangt si' 's Fruahjahr o',
Und mag koa Bliemi ehnder nit,
   Bis i die Federn ho'.

Schnadahüpfln.

Es is nix so trauri'
Und nix so bitrübt,
Als wi wann si' a Krautkopf
In a Ros'n verliebt.

Und es is nix so trauri'
Und nix so weit g'fei't,
Als wie wann si' a Pud'l
In a Katzl verfei't.

A Gambs auf der Wand
Und a Punkt in der Scheib'n
Und mei' Schatz uf der Alm
Is mei' Thoa' und mei' Treib'n.

A Lieb' hon i g'fund'n,
Ho's nit g'nau bitracht't,
Und a bösi b'awischt
Und ho' s' nimmer o'bracht.

O wann ma' die Lieb'
No' grad stehlet a Dieb,
Er hätt' nix dabei z' wag'n,
'Thaat' 'n g'wiß nit verklag'n.

Gelegenheitsgedichte

bei den

Jagden S. M. des Königs Maximilian II. von Bayern im Hochgebirge.

———

Maximilian II. Waidwerk.

Die alten Fürsten vom Bayerland,
Dem Waidwerk stets ergeben,
Sie kannten im tannenduftigen Wald
Das muterfrischende Leben,
Sie jagten den Hirsch und Eber und Bär
Und übten unverdrossen
Den Arm zu Waffen und Wehr.

Es ist fürwahr ein lustig' Thun,
Zu birschen durch Holz und Auen,
Ein ziehend Reh, ein Häslein auch
Auf blumiger Heid' zu schauen,
Zu spähen in den verwachsenen Hag,
Wenn stille durch die Dämm'rung
Aufzieht der junge Tag.

Es ist wohl eine schöne Lust,
Am grünen Wasser zu lauschen,
Wenn von des Wildes flüchtigem Nah'n
Die Schilfe schwanken und rauschen,
Wenn im Sonnenlichte blank und frei
Erglänzt in stolzen Bogen
Eines Kronenhirsches Geweih.

Und ist nicht minder eine Luft,
Wenn auf schneebedecktem Grunde
Der schwarze Keiler durchs Dickicht bricht
Und dann schnaubend starrt in die Runde,
Und wenn der wohlgezielte Schuß
Seinen wütenden Trotz gebrochen
Und er stürzend verenden muß.

Doch noch viel reichern Freudenstrauß
Mag sich der Waidmann erjagen,
Wo die grauen Kuppen am Hochgebirg'
In mächtigen Zacken ragen,
Wo das Edelweiß aus den Wänden blüht,
Wo in den letzten Strahlen
Die scheidende Sonne verglüht.

Die alten Fürsten vom Bayerland,
Wohl Jäger unverdrossen,
Den Waidmanns-Schatz der Alpenwelt,
Den haben sie nicht erschlossen:
Die Gemse zu jagen in freier Jagd,
Das ist der Schatz, den ich meine,
Dort, wo's am früh'sten tagt.

Der zweite Maximilian war's,
Der solch Gejaid erhoben,
Drum soll, wie ich's vermag, mein Lied
Den edlen König loben.

Der Berge Poesie verstand
Wie dieser Herr wohl keiner
Im wackern Bayerland.

Geh hin, wo hoch der Watzmann baut
Sein drohend Steingepränge,
Wo mit den eisigen Brüdern er
Beherrscht das Waldgehänge,
Wo rauschend strömt manch wilder Born
Zum blauen See hernieder,
Da klingt des Königs Horn.

Und wo, als wär' ein Felsenmeer
Erstarrt bei grausem Stürmen,
Die Berge der Riß in langen Reih'n
Die welligen Gipfel türmen,
Da hallet seiner Büchsen Knall,
Wenn Jagenszeit gekommen,
Weithin durchs Isarthal.

Und wo im holden Schwanengau
Sich heben des Schlosses Zinnen,
Da mag der Herr zum Schmuck des Hut's
Den Gemsbart am liebsten gewinnen;
So blüht das Waidwerk, blüht durch ihn,
In den sonnig' lichten Revieren,
Da unten die Nebel ziehn.

Und wenn nach beutereichem Tag
Der König mit seinen Genossen
Zur Burg dann heimzieht, wenn die Schaar
Sich naht auf leichten Rossen,
Die blitzenden Wehren, der Federn Weh'n,
Die schmucken Waidmannskleider,
Gar lustig ist's zu sehn.

Und wenn an der Tafel im Schwanensaal
Die schäumenden Becher kreisen,
Dann mag manch Lied, manch frischer Spruch
Die Gunst der Stunde preisen.
Dann ist des Ruhens kurze Zeit
Der Dichtung schönen Träumen,
Ihren farbigen Bildern geweiht.

So hält der zweite Max'milian,
Der Bayerfürst, das Jagen,
Und magst wohl sonst im deutschen Land
Dergleichen nicht erfragen;
Drum Waidmanns Heil stets mit ihm sei
Und gnädig Sankt Hubertus,
Das wünscht die Jägerei!

Waidmanns Lust.

O wie so schön ist der Herbst in den Bergen,
Wenn durch das Dunkel im Tannengrün
Goldene Blätter von Ahorn und Buche
Purpurgemengt erglänzen und glühn,
Wenn an den riesig ragenden Kuppen
Luftiger Schleier des Nebels zerfließt,
Dann aus den leicht hinwehenden Wolken
Freundliches Blau sich am Himmel erschließt!
O welche Lust umfängt diese Tage,
Wenn sie dem edlen Waidwerk geweiht,
Nicht übertroffen vom rosigen Frühling,
Nicht von der üppigen Sommerszeit,
Nicht übertroffen von prunkenden Festen,
Welche bei stürmendem Winter gewährt,
Welche Musik zu wirbelndem Tanze,
Wein und Gelage zu halten gelehrt!
Freut euch der Blumen und Kränze der Aehren,
Freut euch des lichterstrahlenden Saals,
Jubelt Genuß beim Schaum des Champagners,
Preiset die Austern und Hummern des Mahls;
Aber uns Jäger laßt führen die Büchse,
Wo es dem Hirsch und dem Gemsbock gilt,

Wo wir den Balsam atmen der Tanne,
Wo der Krystall vom Felsen quillt,
Lasset uns lauschen dem nahenden Wilde.
Uns ist Musik, wenn's klingt und saust,
Da das Gestein vom Sprunge der Gemsen
Rollend die Gräben hinunterbraust;
Uns ist das Echo knallender Büchsen
Mehr als Trompeten- und Paukengepräng';
Unsre Juwelen glänzen im Taue,
Unsere Feste im Felsengebräng'.
Neiden euch nicht um den städtischen Jubel,
Und wenn der Winter tritt in die Bahn,
Rufen wir lieber, die Stunde zu feiern,
Fröhlichen Jagens Erinnerung an.

Hubertustag.

O schöne Zeit der goldenen Blätter,
Willkommen, willkommen, du herbstliche Pracht!
Nun sorge Hubertus für günstiges Wetter
Und daß uns ein heiterer Himmel lacht;
Du weißt ja, was Wetter und Wind
Dem Waidmann sind.

Wenn der Morgen graut und vom schreienden Hirsche
Die felsige Bergschlucht widerhallt,
So segne den Gang zur fröhlichen Birsche
Und feindliche Kobolde jag' aus dem Wald,
Und wollt' eine Hexe da gehn,
Nicht laß es geschehn!

Und schaut wie der Teufel so schwarz und verwegen
Der tückische Gemsbock von schwindelnder Wand,
So laß ihn mit sicherer Kugel erlegen
Und lenke zum Rechten die schwankende Hand;
Der Gemsbart zu Waidmanns Ehr'
Ist unser Begehr!

So flehten wir dich und du warst uns gewogen,
Wir dankten von Herzen dir jeglichen Tag;
Doch plötzlich die Gunst uns hast du entzogen
Und schicktest des Waidmannes greulichste Plag:
Zu Stürmen und Nebel, o weh,
Noch Regen und Schnee!

Gewiß unser Jagen nicht hat dich verdrossen;
Denn fleißig hat jeder das Seine gethan.
Wir haben wahrhaftig umsonst nicht geschossen,
Die reichliche Beute ja zeiget es an,
Und dennoch entschwand deine Huld,
O sag', was war schuld?

Da flüstert's und hörte die Worte ich sagen:
„Hubertus nur prüfen wollt' eueren Wert;
„Ein Waidmann, ein rechter, soll niemals verzagen
„Und wird auch statt Sonnenschein Nebel beschert,
„Und da ihr von fröhlichem Mut,
„So geht's wieder gut.“

Wohlan denn und lasset den Wein es bezeugen!
Wir ziehn die Kapuze nicht gleich um den Kopf,
Kein Nebelgespenst soll die Laune uns beugen
Und soll uns drum wachsen kein grämlicher Zopf.
O hör' es, Hubert, und aufs neu
Gewogen uns sei!

Jagdlieder.

Pfälzisch.

———

Die Gemsejagd.

„Ei was, du hoscht e' Gemsjagd g'sehe',
No saach emol, wie war dann deß?"
„„Soll aach mei' Lebtach nimmer g'schehe',
Dann do vergeh'n emm die Späß';
Deß is e' heilloses Vergniche'.
Ich saach euch, ich war uf'm e' Platz,
Dohin steicht nit emol e' Katz'
Un' sollt' se aach Paschtete' rieche';
Es habe' mich zwee nuff gezoche',
Sunscht war's grad an Unmöchlichkeit,
Wie uf en Torn, 's is nit geloche',
Alsfort e' halbi Ewichkeit;
Vor mir e' Grabe', do war's brunne'
So schwarz wie im e' tiefe' Brunne',
Un' links un' rechts war gar nix mehr
Als Luft; do hock ich mi'm Gewehr,
Un' bin drei Stunde' schier gehockt,
Do kummt emol eens hergebockt.
Un' wie's mich merkt des Deubelsvieh,
Dann so e' Tier hot alle Kniff,
Thut's wie e' Spitzbu' grad' 'n Piff,

Un' schmeißt die gröschte' Steener runner;
Daß ich noch leb', is nor e' Wunner.""
„No hoscht es tüchtig nuff gebrennt?"
„„Ach nee! ich hab' jo nit gekönnt,
Mußt' mich nor halte' mit be' Hänb'
An so eme' alte' Worzlstück,
Sunscht korchl' ich jede' Ache'blick;
Mir war nor bang, 's springt zu mer 'rüber,
Dann 's war ke' dreißig Schritt' bo 'nüber,
Un' so e' Tier deß is verweeche';
Ich saach euch, 's war gar nit verleeche',
Hot als gestanne' uff eem Fleck
Un' hot geguckt, wo ich bann steck'.
Doch enblich, ich seh's immer noch,
Do grabb'lt's in e' Felse'loch,
Dernocher hab' ich nix mehr g'sehe';
Un' miserab'l, lahm un' üb'l,
Die Hos' verrisse' un' die Stieb'l,
So bin ich wieder 'runner kumme'
Un' hab' zum Angedenke' noch
En' Rhematism' mitgenumme'.
Un' wohlgemerkt, der ee' hot g'sacht,
Weil mir zu Ehre' wär' die Jagd,
So hätt' ich aach be' beschte' Stand,
Deß war der Torn bo an der Wand;
Jetz' denkt euch, wie die annre' ware'?!""

Der Jäger.

„Nix als Jage' un' nix als Jagd,"
Hot die Fraa' gezankt,
„Hab' dann ich 'n Jäger gewollt,
„Ne' do hätt' ich gedankt.

„Nor wo e' Haas' un' e' Hinkl sitzt,
„Deß bekümmert dich,
„Un' der dumme Hektor gilt
„Mehr als die Kinner un' ich."

„„Nor nit so bös' mei' lieber Schatz,""
Fangt jetz' der Jäger a',
„„Was es um's Wiebbersche' is,
„„Gel', do denkscht nit dra'.

„„Git's 'was Schöners uff der Welt
„„Als de' Genuß, mei' Kind,
„„Wann emm' 's Schicksal hot getrennt
„„Un' wann mer sich wiebber findt?

„„Sich', do lernt mer's kenne' erscht,
„„Was mer enanner wert,
„„Wie mer sich liebe' thut un' wie gern
„„Eens zum annre' begehrt.

„„Wann aber ich jetz' waarte' wollt',
„„Bis so e' Schicksal käm',
„„Deß mich ewech kummabiere' thät,
„„Wär' ich jo alls brheem!

„„Wär's mit 'm Wiebberfehe' nix,
„„Nix mit dem ganze' Genuß;
„„Sich', drum bleibt mer ke' anneri Wahl,
„„Als daß ich jage' muß."" —

————

Weinlieder.

Hochdeutsch.

————

Ein König ist der Wein.

Ein König ist der Wein!
Mit Segen reich beladen
Ist er von Gottes Gnaden
Und mancher Purpur sein,
Ein König ist der Wein!

Ein König ist der Wein!
Mit seinem Rebenbande
Umschlingt er alle Lande,
Beherrscht sie groß und klein,
Ein König ist der Wein!

Ein König ist der Wein!
Wohnt im krystallnen Hause
Und hüllt beim Fürstenschmause
In Gold sich prangend ein,
Ein König ist der Wein!

Ein König ist der Wein!
Giebt königliche Feste
Für viele tausend Gäste
In seinem Schloß am Rhein,
Ein König ist der Wein!

Auf immer für den Wein!
Der Schmuck an seinem Throne,
Das Kleinod seiner Krone
Heißt Freudesonnenschein,
Auf immer für den Wein!

Sprüche.

Der Wein ist ein guter Waidemann,
Birscht sich gar still und leise an,
Und hat er dich aufs Korn genommen,
Wirst du ihm nicht so leicht entkommen.

———

Der Wein ein guter Spielmann ist;
Fängt er euch an zu geigen,
So tanzen die Gedanken selbst
Im Kopfe einen Reigen.

———

Der Wein ein kluger Knabe ist,
Den alle Musen lieben,
Hat manch Gedicht gar leicht und schön
Den Dichtern aufgeschrieben.

———

Trinklied.

Wenn euch im Herzen ein schöner Tag
Warm und sonnig blinkt,
Freunde, dann trinkt;
Schöne Tage müßt ihr ehren,
Wißt ja nicht, wie lang sie währen,
Und wie wolltet ihr es machen,
Wenn ihr nicht trinkt, wenn ihr nicht trinkt?

Wenn euch zum Herzen ein Nebelstreif
Grau und düster sinkt,
Freunde, dann trinkt;
Müßt den Griesgram nicht lang fragen,
Müßt ihn keck und frisch verjagen,
Und wie wolltet ihr es machen,
Wenn ihr nicht trinkt, wenn ihr nicht trinkt?

Wenn euch die Liebe mit ihrer Lust
Rosenblühend winkt,
Freunde, dann trinkt;
Denn wer liebt, der muß ja dichten
Und dem Mond sein Glück berichten,
Und wie wolltet ihr das machen,
Wenn ihr nicht trinkt, wenn ihr nicht trinkt?

Wenn es mit Liebe und Gedicht
Endlich einmal hinkt,
Freunde dann trinkt;
Wenn ihr trinkt, so kommen sie wieder,
Wahrlich, Liebe, Scherz und Lieder.
Doch wie wolltet ihr das machen,
Wenn ihr nicht trinkt? Ergo so trinkt!

Sprüche.

Ich bin ein Rubin, sprach der rote Wein,
Und ich ein Topas, sprach der weiße Wein,
Und ich bin das Gold, fiel der Zecher ein,
Und fasse gar gern solch Edelgestein.

Es klagte das Herz dem Wein:
Ich kann nicht fröhlich sein,
Ich liebe und möcht's wohl sagen,
Doch fehlt mir der Mut, es zu wagen.
　Der Wein war gleich bei der Hand
　Und half mit keckem Verstand,
　Und es ward noch dieselbige Nacht
　Das Geständnis zuwege gebracht.

Wohlan, ihr Nixen vom Rheine,
Die ihr im Wasser haust,
Kennt ihr auch die Schwestern im Weine
Und wo sein Strudel braust?

Soll mich verführen eine
Mit ihrem Feengesang,
Vom Wasser wähl' ich keine;
Doch kommt ein Lied vom Weine,
Da wird mir niemals bang.

Der Wein weiß manches abzufragen,
Dem Wasser würdest du's nicht sagen.

Weinlied.

Oft hörte ich's begeistert,
Es sei der Wein,
Der spröde Musen meistert,
Drum schenket ein;
In seines Goldes Schimmer
Sind sie zu Haus,
Da findet ihr sie immer,
Drum trinket aus!

Verlorne Liebeslieder,
Im Wein, im Wein,
Da klingen sie auch wieder,
Drum schenket ein;
Er weiß auch zu erneuen
Den Hochzeitstrauß,
Drum trinkt, euch dran zu freuen,
Trinkt wacker aus!

Wo dort die Sterne glänzen,
Könnt's anders sein,
Man wird wohl Wein kredenzen,
Man schenkt wohl ein;

Dort sprudelt ja sein Segen
Vom Quell heraus;
Drum deshalb nicht verlegen,
Trinkt fröhlich aus!

Sprüche.

Der Wein ist ein Kriegsmann sondergleichen,
Giebt gern zu keckem Sturm das Zeichen,
Und geht er auch dabei zu Grund,
Von ihm wird keine Klage kund.

Ein Zauber wohnt in Weines Schaum:
Der Freude wird er zum Blütenbaum,
Der Liebe zu einem glücklichen Traum,
Der Ruhe zu einem süßen Flaum.

Nur ein Vertrauter soll es wissen,
Wie's lustig ist um Herzen und Küssen:
Der Wein, der Wein, der liebe Wein,
Der soll im Bund der dritte sein.

Die Rebe weiß zu lehren,
Den Lorbeer zu begehren;
Stürmst du in wilde Kämpfe ein,
So ruf' zu Hilf' den tapfern Wein.

Willst du trinken ohne Reu',
Merke, wo und wie es sei;
Unter guten Gesellen
Gieb nicht viel acht,
Unter falschen Gesellen
Trink' mit Bedacht.

Die Welt geht einen strengen Gang,
Kennt ihr Gesetz allein;
Was streng ist, hart und ohne Herz,
Das sollte doch nicht sein.
Damit sie freundlich denn zugleich,
Kam Liebe, Sang und Wein;
Die machen ihre Härte weich
Und bringen das Herz hinein.

Wasser und Wein.

Zum Wasser sprach der stolze Wein:
Ich tafle mit den Fürsten,
Die Ritter und die Edlen all'
Nach meiner Quelle dürsten;
In goldnen Bechern hause ich,
Zum Himmel hoch gepriesen,
Dir wird von solcher Herrlichkeit
Kein Stäubchen zugewiesen.

Das Wasser sprach: Ich zürne drum
Fürwahr nicht meinem Lose.
Mich küßte jüngst im Morgenglanz
Eine holde Maid von der Rose
Und hat die liebe Blume mir
Vertraut, sie frisch zu erhalten;
Ich wußte fein die Knospe ihr
Gar künstlich zu entfalten.

Um solcher Gunst von schöner Maid
Wohl dank' ich dem Geschicke
Und laß' dir gerne deinen Prunk
Und deiner Fürsten Blicke. —
Und schweigend hörte es der Wein,
Wollt' 's Wasser nicht mehr schelten;
Ja, schöne Mägdlein gelten viel
Und werden's immer gelten.

Der Becher und ich.

Der Becher ist ein Blumenkelch,
Der Wein der Nektar drin,
Und glauben dürft ihr's, daß ich gern
Dazu die Biene bin.

Der Becher ist ein Muschelhaus,
Die Perle drin der Wein,
Hab' früh und fleißig es gelernt,
Ein Perlenfischer sein.

Der Becher ist ein Gartenhaus,
Der Wein sein Blumenflor;
Als Gärtner, selbst Botaniker,
Komm' ich dabei mir vor.

Der Becher eine Wiege ist,
Drin schläft der holde Wein;
Damit er denn nicht immer schläft,
Will ich sein Wecker sein.

Der Becher ist ein hohler Baum,
Sein lust'ger Kauz der Wein;
Da will ich manchmal auch zum Spaß
Ein Eulenspiegel sein.

Becherſprüche.

Schließ' auf dein Herz mit Lieb und Wein,
Ich will dazu der Schlüſſel ſein.

———

Luſtig faſſ' mich,
Luſtig laſſ' mich.

———

Kehr' ein und bleib' bei mir,
Schöne Märchen erzähl' ich dir.

———

Mit mir im Bund
Zähl' keine Stund.

———

Waidmann, halt's mit mir,
Bin auch ein gutes Revier.

———

Trink' friſch aus meinem Quell,
Bin der Freude ein guter Geſell
Und der Liebe ein treuer Freund
Und der Trübſal ein mächtiger Feind.

———

Ich schließ' in diesem Hause mein
Den Mut gar vieler Helden ein.

Sei gern bei mir!
Die Freude bring' ich dir,
Ein Liebeslied sing' ich dir,
Die Sorg' vertreib' ich dir,
Schöne Träume beschreib' ich dir
Und verlang' nur Eins dafür:
Sei gern bei mir.

Ich lehre wagen,
Die Wahrheit sagen,
Sorg' verjagen,
Nie verzagen.

Der Wein und sein Liebchen, die Freude,
Die wohnen bei mir beide;
Sind sie zu Haus,
Duftet ein Blumenstrauß
Zum Fenster heraus.

Der Becher sprach: Ich bin ein Schloß,
Verteidigt von dem Wein,
Der Zecher sprach: Ich ein Soldat,
Und stürme keck hinein.

―――――

Bin eine Uhr, mein Pendel ist der Wein,
Ich teile dir die Zeit gar herrlich ein;
Doch soll ich gehn,
Laß nicht das Pendel stille stehn.

―――――

(Jagdbecher in drei Ringen.)

Alle guten Ding' sind drei (3),
Meiner Ring sind drei (3),
Bleib' Maid und Wein und Jagen treu (3).

―――――

Sei treu zu mir gesellt;
Hab' manchen Fuchs geprellt
Und manchen Bären gefällt.

―――――

Ich Becher von drei Ring'
Drei Mahnungen dir bring':
„Jag', trink' und sing'!"

―――――

Weinlieder.

Oberbayerisch.

Schnadahüpfln.

Der Mensch hat an' Geist,
Hat der Schullehra g'sagt,
Und der Wei', der hat aar oan',
Dees hon i b'erfragt.

Und bal' die zwoa streit'n,
So hat's scho' an' Schei', (und)
Es that der von 'Wei'
Oft der stirkeri sei'.

————

Und woltern oa' singa
Und dicht'n beim Bier,
Und aus Dankbarkeit lob'n s'
'n Wei' na' dafür.

————

Und 's Diendl is a Zither,
Wo drüber nix geht,
Und dem macht's die schönst' Musi',
Der 's Spiel'n versteht.

————

Beim laanblerisch Tanz'n
Da g'fallt ma' so guat,
Daß si' 's Dienbl um sein' Buab'n
So fei' braah'n thuat.

Und daß er s' so folgsam
Am Finger 'rumführt
Und wie oft er s' aa' auslaßt,
Daß s' 'n do' nit verliert.

Weinlieder.

Pfälzisch.

———

An de Champagner.

Weescht, warum ich so gar gern seh'
De' Champagner, deß heeßt de' mousseux?
Sich, bloß weil er so luschtig is,
Weil er so zab'lt mit Händ' un' Füß'.
Ich hab' aach emol so gezabl't,
Bin schier an ere Wand 'nuff gekrab'lt,
Wann e' hübsch' Mädche' obe' gehockt,
Die mich freundlich enuff gelockt. —
Weescht, warum ich so gar gern hör'
De' Champagner, er is wie 's Meer,
Braust und macht emm hübsche Gedanke',
Macht aach öfter e' Schiffche' schwanke',
Aer er hot kenn' so g'fährliche' Sinn,
Schwimme' ke' Krabbe' und Haifisch drin. —
Weescht, warum ich gern trinke' thu'
De' Champagner? Ei guck' nor zu:
Im Champagner sin' Perle' viel,
Die juscht mache' beß luschtig' Gewühl,
Un' trinkt eener den liebe' Wein,
G'höre' jo all' die Perle' sein!
Sich, deß wisse' die große' Herrn
Un' ich aach, drum trink' ich 'n gern.

Lebenskunſcht.

Die Kunſcht, vergnicht zu lebe', gleicht
Der Kunſcht, Liqueur zu mache';
Mer braucht b'rzu, beß is bekannt,
So manche' ſiebe' Sache'.

Deß Erſchte is der Spiritus;
Doch geht's mit kemm' gemeene',
Sunſcht merkt mer glei' de' Fuſ'l drin,
Der loßt ſich nit gewöhne'.

For's zweete brauchſcht de allerhand
Von Früchte' un' von Blume',
Un' manches Kräutche' jung und friſch
Werd aach b'rzu genumme'.

Deß muſcht de im e' gute' Glaſ'
Mi'nanner beſchtilliere'
Un' nocher, wie's b'r grab beliebt,
Noch Zucker drunner rühre'.

Die Früchte, Zucker, Kraut un' Blum,
Die loſſe' ſich ſchun ſinne',
Un' brauchſcht dich, hoſcht de Geld genuch,
Nit viel do drüber b'ſinne'.

Doch for Retort un' Spiritus,
Do muscht be selber forche',
Die kaaft mer nit um alles Geld
Un' kannscht se aach nit borche'.

Als noch 'n Schoppe'!

O Wein, du bischt e' lieber Freund;
Dei' Sunn' wann in mei' Gläsche' scheint,
So soll's d'rauß' wettre', wie's nor mag,
Mir is, als wär' der schönschte Tag.
Als noch 'n Schoppe'!

's laaft in der Welt so mancher 'rum,
Der sicht nix grad', sicht alles krumm;
O Freund, so eener kennt dich nit,
Sunscht stünd's wohl nit so schlimm d'rmit.
Als noch 'n Schoppe'!

Uf dich, mei' Schatz, verloss' ich mich,
Un' will der Griesgram rühre' sich,
Du weescht mer g'schwind 'n Rot d'rvor
Un' bischperscht mer vertraut ins Ohr:
„Als noch 'n Schoppe'!"

Die Lieb' is gar e' korz Gedicht
Un' 's Lebe' is e' langi G'schicht',
Du helfscht zu alle zwee getreu
Un' bischt deß Beschte oft d'rbei.
Als noch 'n Schoppe'!

Wann ich e' Weltverbeſſ'rer wär',
Mit dir verbunne' wär's nit ſchwer,
Zu aller Wohl diktiert' ich dann,
Kund un' zu wiſſe' jedermann:
„Als noch 'n Schoppe'!"

An die Rhein-Traube'.

Grüß' euch Gott, ihr liebe Traube',
Grüß' euch Gott viel tausendmol,
'Hab' euch gar so lang' nit g'sehe',
O wie is mer wiebber wohl!

Muschkateller un' Traminer
Un' ihr, Risling, fei' un' zart,
All' so buftich, all' so luschtich,
Seib noch all' so, wie ihr war't!

Hab' derweil viel Traube' g'sehe'
In bem heeße' Grieche'land,
In Corfu un' in Jtalie',
Ja, do wachst aach allerhand.

Große, scheene, gute Traube',
Zuckersüß un' schwer un' reich;
Doch deß liebschte bra', des war mer,
Daß ich hab' gedenkt an euch!

Gel', ihr froocht, was dann die Fremde'
Koche' for 'n Moscht un' Wei',
Ob mer aach wie bei dem eure'
Kann so froh un' luschtich sei'?

Kinner, nee, bo müßt' ich lüge',
Nee, bo sin' se weit b'roun,
Wie aach herrlich dort der Himm'l,
's helft 'n doch ke' deutschi Sunn!

's is e' Wei' so zum Versuche',
Wißt 'hr: so als wie Liqueur,
Loßt sich nit in Humpe' trinke',
Daß b'roun zu rede' wär',

Daß mer 'nei' guckt mit Vergnüche',
Drin sich sucht e' schönri Welt,
Daß mer b'rüber kann vergesse',
Wie die Stunde' knapp gezählt,

Daß mer jung werd wie e' Jüngling,
Wär's aach lang schun nimmer wohr,
Ohne Sorg' un' unbekümmert
Um die viele dumme' Johr.

Kinner, 'will euch gar nit schmeichle',
'Hab's mei' Lebtach nit getha';
Aber bo seib ihr die erschte',
Seib be' annre' all' vora'.

Un' als guter Freund so rot' ich,
Geh' mer keen's vun euch bo nei',
Kocht nor fort im schöne' Gaarte',
Den ihr habt am deutsche' Rhei'!

Die drei im Keller.

Nach einer Zeichnung von Schwind.

Im Keller wohnt e' Mädche',
Deß is die Mammsell Spitz,
Die is fidel un' luschtich,
Is voller Scherz un' Witz.
Im Keller wohnt b'rnebe'
E' Fraa, verruckt un' keck,
Mer heeßt se Madame Brummer,
Hot 's Maul am rechte' Fleck.
Un' im Keller wohnt e' Alti,
E' wischti Schacht'l aach,
Die mag ich gar nit nenne',
Sie sauft be' ganze' Tag.
Un' klopscht be' zum Vergnüge'
Am Kellerthürche' a',
So kummt dererscht beß Mädche',
Die annre' hinnebra'.
Un' bie beß Ding nit wisse',
Die habe' se alle brei,
Do git's 'n Weltspetak'l,
Do is der Spaß vorbei;

Doch die 'n Rummel kenne',
Die losse' 's Mädche' 'raus,
Un' wann die annre kumme',
So sperrt mer 's Kellerhaus.
Was mich betrefft, mei' Lebtag
War ich de' Mädcher hold,
Un' hätt' ich nor 'n Keller,
'Wüßt', wie ich's mache' sollt'.

———

Die Bouteille'.

Es habe' emol im e' trauliche' Kneipche'
Die Weinbouteille' viel Rühme's gemacht,
Un' wie se die Welt so hoch begeischtre',
Un' was mer ihne' schun Artig's g'sacht.

Un' wie se dann aach ihr Lob verdiene',
Un' was eens sei' un' gelte' muß,
Um oft e' lahmi Seel' zu erhebe',
Un' was mer do braucht an Spiritus.

Sich, sächt so e' Ding, 's is noch ke' zwee Woche',
So hab' ich e' Lieb' im e' Herz angezünd't
Un' hab's in e Luscht un' e' Glück ei'gewick'lt,
Der Jung' war vor lauter Verzucke' wie blind.

Un' ich, sächt e' anners, ich derf's wohl aach sage';
Es war e' armer, kränklicher Mann,
Den hab' ich getröscht, ich glaab, der Herr Parrer,
Daß der so erquicklich kenn' tröschte' kann.

Un' ich hab' aus ganz gemeene' Soldate',
Weeß Gott, die gröschte' Helde' gemacht,
Die ware' wie die lebendige' Deub'l,
'Hab' selber gemeent, ich bin in der Schlacht.

Un' ich hab' 'n Mufikmeeſchter begeiſchtert,
Der hot euch gebeſch't'lt e' Symphonie,
Mit Trumm'l un' Peife', gar luſchtich zu höre';
Deß alles macht unſer Wei' un' Genie.

Do ſächt ganz ſtill zum e' ernſchthafte' Krug
E' Römer: Ei Dunner, die protze' genug.
„Mei', geh' mer ewech die Windbbeut'l do,“
Sächt der, „deß Verbienſcht is all' nit e ſo,
„'s hot vun denne' Troppe' ke' eenzicher 'was,
„Die G'ſchicht' is im Keller e' altes Faß,
„Deß ſteht halb vergeſſe', beſcheide' un' ſtill,
„Un' wann halt ſo e' Kammrab 'was will,
„So gebt's 'm halt was, un' weil's hübſch groß,
„So zappt halt e' jeder tüchtich druf los;
„Wann aber im Keller deß Faß nit wär',
„So wäre' ſe all' gar erbärmlich leer.“

———

Sich, ſo prahle' viel mi'me große Genie,
Mit hohe' Gedanke' un' Poeſie,
Un' mache' do drüber e' langi Brüh',
Aber 's Faß im Keller nenne' ſe nie.

Die drei große' Herrn.

Es git e' Buch vun de' große' Herrn,
Un' wann ich mich recht b'sinn',
So steh'n leicht hunnert, groß un' klee,
Dort im Regischter drin.

Ich aber weeß drei große Herrn,
Die selbig's Buch nit nennt,
Un' die mer länger uf der Welt,
Als all' die annre kennt.

Der Himm'l, sieh, is so e' Herr,
Was tragt der viele Stern,
Un' was for Stern, 's hot's kenner so
Vun annre große' Herrn.

Do is ke' Pappedeck'l dra',
Uf den der Glanz is g'stickt,
Do hot ke' krummi Näherin,
Dra' 'rumgemacht un' g'flickt.

Un' zeigt er erscht deß große Band
In aller Farbe'pracht,
Do merkt mer's, der is vun Natur
Zum große' Herrn gemacht.

Der zweete, den ich nenne' will,
Un' dem aach kenner gleich,
Deß is der Frühling, liebe Leut',
Wie vornehm un' wie reich!

Sei' Hofstaat is wie Morge'rot,
E' Paradies sei' Land,
Sei' Page' sin' die junge' Bääm
Mit Sträußcher in der Hand.

Deß allerschönste Wappe'feld,
Der schönste Schild g'hört sei',
Es blühe' alle Blume' drin
Un' 's is vun Sunne'schei'.

Un' alles hot er, was sich schickt
For eble große Herrn,
Er is jo Freund der Poesie
Un' hot die Dichter gern.

Der dritte, ei deß is der Wein,
Der war emol e' Gott;
Do is ke' Zweif'l, daß er aach
Vun große' Herrn 'was hot.

Denkt nor, wann der kummt zum e' Fescht,
Wie macht er's froh un' schö';
Do sunnt sich alles in sein'm Glanz
Un' will nit vun 'm geh'.

Un' den er freundlich hot gegrüßt,
Der denkt mit Freede' dra',
Un' sicht er 'n wiebber, guckt er 'n aach
Gar ehrerbietig a'.

Ja ja, deß sin' drei Kavalier',
Die drum nit kleener wer'n,
Un' zählt se aach desselbe Buch
Nit zu de' große' Herrn.

Der Domdechant vun Hochheim.

Der Domdechant vun Hochheim,
Deß is e' lieber Herr;
Es git viel Dechant uff der Welt,
So git's kenn' Dechant mehr.

Als Freund vun gute' Christe'
Hot er bei Meenz sei' Haus,
Guckt in de' Main un' in de' Rhein
Fideel zum Fenschter 'naus.

Er is e' golde' Männche',
Spetak'lt juscht nit viel,
Hot aber Geischt und Spiritus,
Wie mer's nor habe' will.

Un' wie er ach so gütig
Un' so voll Gnade' is,
Wann eener böse Skrup'l hot,
Er helft 'm ganz gewiß.

Er kann so freundlich sage'
E' tröschtlich milbes Wort,
Un' quält emm Sorg' un' Kummer aach,
Er bringt se sicher fort.

Froocht 'rum in beutsche Länber,
Wo mer sein Name' kennt,
Ob jeder nit verehrungsvoll
Den brave' Dechant nennt.

Er macht aach große Reese',
B'sucht alle große Herrn
Un' überall, ich weeß's gewiß,
Ja überall hot mer'n gern.

Ei, lieber Herr vun Hochheim,
Kummt aach emol zu mir
Un' bleibt e' Weil', ich geb' Euch gern
Mei' allerbescht' Quartier.

Vum Wei'.

Ich weeß nit, wie er's macht der Wei',
Er hot e' b'summri Kunscht,
Viel Liebcher un' viel Mädcher sei',
Die wohne' in sein'm Dunscht.

Un' 's is wahrhaftich grad', als wär'
E' Zauberei d'rbei;
Dann Liebcher alls un' Mädcher sin'
Drin funk'lnach'lneu.

Drum werd beim Wei' e' Alter aach
Als wie e' junger Bu'
Un' singt un' denkt e' rosig Kind
Als Schätzche sich d'rzu.

Drum werd er luschtich, weeß nit wie
Un' kümmert sich nix drum
Un' wann aach for die Schwärmerei
Die Zeite' lang schun 'rum.

Un' ebe' drum, so lobt 'n aach,
Wer je e' Dichter war;
Dann ohne Wei', du lieber Gott,
Wär's oft mi'm Dichte' gar.

O guter Wei', o braver Wei',
O hör', um was ich bitt',
Mit deiner liebe' Hexerei
Verloß nor du mich nit.

Un' daß ich, Freund, dich nit verloß,
Do kannscht de ruhich sei',
Ich bin un' bleib' mei' Lebe' lang
Bun ganz'm Herze' bei'.

Die Wein' un' der Bacchus.

Die Wein' sin' emol zum Bacchus kumme'
Un' habe' 'n um e' Entscheidung gebitt't,
Er soll ihne' saache' uff Wort un' Ehr',
Weller vun ihne' der vornehmschte wär'.

Der Bacchus hot g'sacht, ihr liebe' Kinner,
Den G'falle', den will ich euch wohl thu';
Es schick' nor e' jeder e' kleen's Deputat,
Nocher halt' ich e' Prüfung im große' Nat.

Deß ware' die Wein' natürlich zufriede',
Un' G'sandte sin' kumme' vun aller Welt,
Un' 's hot nor gewimmelt vun Glanz un' vun Pracht;
Dann der kleenschte, der hot sein' Staat gemacht.

Un' 'm Bacchus sei' Ceremonie'meeschter,
Der hot ihne' g'sacht, wann die Prüfung is,
Geht jeder, so wie 'm gewunke' werd sei',
Beim König ganz still in die Gorg'l 'enei'.

Un' richtich! so wie der Tag is gewese',
So hot der Bacchus der Reih' noch gewinkt:
Deß erschte, deß ware' die Herrn vum Rhei',
Die sin' dann stolziert wie die Ferschte' 'enei.

Dernocher sin' glei' die Burgunder 'kumme'
Un' die Bordeaux mit ihr'm rote' Talar —
Do habe' die Grieche' schun G'sichter gemacht
Un' habe' die Fremde' gar scheel betracht't.

Un' e' alter Muschkat oun der Insl' Samos,
Der hot gesacht zum e' Malvasir,
Geb' acht, die Franzose' mit ihr'm Geschwätz,
Die krieche' heilig die erschte' Pläß'.

Un' der Bacchus, der hot 'm Champagner gewunke',
Der war wie e' rechter Stutzer gepußt,
Besetzt mit Topase' die Knöpp' am Frack
Un' e' Perle'schnur an sein'm Chapeau claque.

Er is mehr getanzt, als daß er is 'gange',
Un' hot noch gesumst so e' Stück vum e' Lied;
Do habe' die ann're gemorm'lt: Wie grob!
Der hot aach de' Großmog'l in sein'm Kopp.

Jeß' hot der Bacchus gerufe': Tokayer!
Do is der natürlich gar wichtig 'enei',
E' kleener Mann, ganz kuprich un' rot,
Zwee Husare' hinner 'm noch ungrischer Mob'.

Druf hot der Bacchus nimmer gewunke',
Es war e' langi peinlichi Paus',
Un' er hot sich als b'sunne' un' hot sinniert
Un' wie e' rechter Gelehrter studiert.

Un' wie's halt geht mit dem dumme' Studiere',
So kummt 'm der Schlof un' er dus'lt ei'.
Jetz' stellt euch die Angscht un' die Ungeduld vor
Von dem übrige' diplomatische' Corps. —

„Do gilt es e' Lischt," sächt e' Piesporter Junker
Un' rump'lt 'm König durch's offene Maul!
Deß war e' Signal un' alles will 'nei'
Un' kenner der letschte Vergessene sei'.

O Mord un' Spetak'l, was war deß e' Drucke';
Die Grieche', wie Feuer vor Aerger un' Zorn,
Un' die Franke', die aach nit vun Huzle' gemacht,
Die habe' sich große Sottise' gesacht.

Ke' Rücksicht, ke' Schonung war do mehr zu finne',
Die Spanier allee' ware' noch im e' Takt
Un' habe' die Lacrimae Christi gebitt't:
„Ei gehen S'e vor, mir kumme' schun mit." —

Un' der Bacchus, der hot als g'schlofe' un' g'schlofe',
Un' die Herold', die habe' gewart't un' gewart't,
Um laut zu verkündige' überall,
Wie dann gefalle' 'm König sei' Wahl.

Jetz' enblich erwacht er, un' wie er's soll sage',
Derwell' dann der erschte vun all' denne' Wein',
So denkt er in Lieb', un' deß war wohl aach g'scheit,
„Was soll ich een kränke', sin' all' liebe Leut',

„Un' soll ich's dann wege' 'me Wörtche' riskiere',
„Daß mancher werd sauer un' kahnig vor Gram?"
Nee, denkt sich der König, un' hot halt nix g'sacht,
Als daß 'm die Prüfung Vergnüge' gemacht.

Un' weil er halt gar nix sunscht sage' hot wolle',
Der gute un' liebe un' freundliche Mann,
Un' so weeß mer noch bis uff die Stund' nit gewiß,
Derwell' vun de' Wein' der vornehmschte is.

———————

Der Stee' der Weise'.

'S hot Eener 'n Stee' der Weise' g'sucht
Un' hot 'n halt nit g'funne;
E' alti Hex', die hot 'm g'sacht,
Der Stee' läg' im e' Brunne'.
Drum hot er aus alle Brunne' schier
Viel Steener mitgenumme'
Un' is doch nor trotz aller Müh'
Zu nix als Kies'l 'kumme'.
Jetz' kehrt er emol im e' Wertshaus ei',
Do sicht er en' Dicke' sitze';
Der Mann, deß war e' Juwelier,
Thut wie e' Karfunkel blitze'.
„Ei saache' Se doch, Herr Juwelier,
Wie is es mi'm Stee' der Weise'?
Ich such' mei' halbes Lebe' lang,
's möcht' die Gebuld verreiße';
Mer hot mer als gewiß verzählt,
Der Stee' läg' im e' Brunne',
Wo Deub'l mag der Brunne' sei'?
Ich hab' 'n noch nit g'funne.“
Der Juwelier, e' braver Mann,

Der nemmt sein' volle' Humpe':
Des is der Brunne', sächt er, Freund,
Do muß Er fleißig pumpe';
Dann sell'n Stee', mer sicht 'n nit,
Mer kann 'n nor empfinne',
Wer luschtich is, der hot den Stee',
Drum loß Er's wacker rinne'. —
Do setzt halt unser Sucher an
Un' fleißig rinnt der Brunne',
Un' üb'r e' Weil, bo hot er dann
Den Stee' aach richtich g'funne.

Der Dunscht am Champagnerglas.

Wann de frische' Champagner ei'schenke' thuscht,
Den Wei' so luschtich un' lieb,
So möcht' ich nor wisse', warum werd 's Glas
Als wie vum e' Neb'l so trüb?
„Deß will ich b'r sage'; sich, wann e' Ferscht
Sich zeigt im Staat un' in Pracht,
So weeß mer, daß deß im Volk e' Gelaaf
Un' viel Gaffe un' Uffsehe' macht.
E' jeder will's sehe' so gut als es geht,
E' jeder will sei' vorne'bra',
Un' Kopp an Kopp anenanner gedrängt,
So staunt mer die Herrlichkeit a'.
Un' so is es aach do; wie e' neugier'g Volk
Is 's Wasser un' was d'rzu g'hört,
Sei' Kinner, die Dünscht, un' die sin' überall
In der Luft als wie in der Erd'.
Un' wann so e' Ferscht an die Tafel kummt
Als wie der Champagnerwei'
Un' sie sehn 'n im Glas, so wolle' se all'
Zum Gaffe' die erschte' sei',

Un' do gucke' se, eens an's anner' gedruckt,
Un' git e' Gewerr un' Geschieb
Un' deß is die G'schicht' un' deßwege' werd
Natürlich 's Glas nocher trüb.

Zu den Weinliedern.

———

Doktorpromotion des Weins.

Hört, ihr Herrn, und laßt euch sagen:
Dieweil wir heut' zusammen tagen,
So fällt mir bei dieser Sitzung ein,
Wir schulden eine Ehre dem Wein.
Bedenkt, kaum hat ein Kandibat
Wie er das Examen bestanden,
Und denkt, wie oft man geprüft ihn hat
Und wie zahlreich wir uns da fanden;
Das deutet doch wahrlich auf guten Grund,
Und weil er geschwitzt so manche Stund'
Und alles ertragen geduldig,
So sind einen Lohn wir ihm schuldig.
Noch weiter erwäget und bedenkt,
Wie der König selber ihn achtet;
Hat ihm einen kostbaren Rock geschenkt,
Der, aufmerksam betrachtet,
Gar weit über unsre Talare geht,
Gewiß ein sichres Zeichen,
Daß der Kandibat Wein viel höher steht
Als andre seinesgleichen.
Drum meint' ich und erlaube mir
Submiß zu proponieren,

Wir sollten solchen Jünglings Zier
Zum Doktor promovieren,
Zum Doktor jeder Fakultät,
Doctor universalis,
Da keine ist, die ihn verschmäht,
Und allen er Sodalis,
Insignis et magnanimus,
Virtutibus clarissimus,
Tam fortis quam benevolus,
Amicis amicissimus!
Und schließ' ich dies latinum
Mit: Vivat Doctor Vinum!

Doctor Vinum, Privatdocent.

Ein Jahr nun ist es, liebe Kollegen,
Daß wir den Wein zum Doktor kreiert;
Es hatten ihn alle Fakultäten
Gar scharf geprüft und examiniert.
Nun will Privatdocent er werden,
Will lehrend zeigen sein Genie,
Und als ein Hauptfach seines Wirkens
Bezeichnet er die Philosophie.
Da fragt' ich ihn, dieweil ich dermal
In Amt und Würden der Dekan,
Was sein System und welcher Richtung
Sein edles Forschen zugethan.
Der Jüngling sagte: Was ich lehre,
Soll heißen Frühlingsphilosophie,
Will jung damit die Alten machen
An Spiritus und Phantasie.
Es hat bisher in den Systemen
Nur herbstlicher Verstand regiert,
Der machte älter stets die Alten
Und Rosen hat er nie bociert;

Grad' umgekehrt nehm' ich das Thema,
An dürren Blättern fehlt es nicht,
Dem Winter Blumen zu entfalten,
Das halt' ich für der Weisheit Pflicht." —
Verwundert hab' ich es vernommen;
Denn was ich hoffen konnte nie,
Ein Philosoph hat da verkündet,
Was mir schon längst Philosophie.
Ich geb's den Herrn nun zu bedenken,
Doch wer die Lehrfreiheit bekennt,
Der rufe unserm Doctor Vinum
Ein Vivat als Privatdocent!

Der Wein zum Professor vorgeschlagen.

Wir haben den Wein zum Doktor ernannt
Und auch zum Privatdocenten;
Die Ehre ward überall anerkannt,
Es begrüßten sie die Studenten.

Der Wein gehört zur zweiten Sektion
Im philosophischen Wissen,
Ich bin Dekan in dieser Region
Und mein Volk zu heben beflissen.

Da fiel mir denn natürlich ein,
Der Wein muß avancieren,
Er soll nun auch Professor sein,
Die Fakultät zu zieren.

Da fragt' ich an, ob's ihm genehm,
In Vorschlag ihn zu bringen;
Er aber hielt es für unbequem,
So weit voranzubringen.

„Sieh," sprach er, „wenn ich Professor bin,
So steh' ich zu nah' dem Senator
Und am End' gar hätten sie mich im Sinn
Als Rektor und Orator.

„Dafür wahrhaftig müßte ich
Ganz unterthänigst danken;
Müßt' mit dem Ministerium mich
Und mit den Kollegen zanken,

„Müßt' Reden halten, o! der Qual,
Von Dingen, die mir zuwider,
Denn niemals hört man im Aulasaal,
Was Liebe, Trunk und Lieder.

„Ich red' wohl auch von allerlei,
Am liebsten von lustigen Streichen;
Dort müßt' ich rühren in dem Brei
Von Herzog Ludwig dem Reichen.

„Und käm' in dieser schlimmen Zeit,
Die alles will umgestalten,
Zuletzt auch mit dem Papst in Streit,
Der doch stets zu mir gehalten.

„Nein, Freund, laß bei der Jugend mich,
Will stets ihr nahe bleiben,
Die Alten selbst beklagten sich,
Wollt' ich es anders treiben.

„In Ehren den Magnificum;
Doch vivant die Studenten
Und vivat mein Kollegium
Der jungen Privatdocenten!"

So sprach der Wein, da schwieg ich still,
Konnt' ihm nicht unrecht geben,
Und bleiben soll's, so wie er will,
Und laß' dafür ihn leben!

.

Sprüche

auf dem Königsbecher der Universität.

1.

Es ist der Will' des Herren mein,
Soll Freude euch kredenzen,
So schöpft sie denn aus eblem Wein
Und sammelt ihre Blumen ein,
Die Stunde froh zu kränzen.

2.

Will das Wissen euch trügen,
So holet Rat vom Faß,
Es meistert Trug und Lügen:
In vino veritas!

3.

Ich biene golbner Flut,
Drin schwimmen gute Geister,
Die hegen Freud' und Mut;
Trink' und du bist ihr Meister.

———

Der Talisman der Traube.

Ich habe schon manches Fest erlebt,
Wo Gelehrte zusammensaßen,
Und wie gesetzlich stets bemerkt,
Daß sie wacker tranken und aßen.
Das Essen freilich Prosa ist,
Doch Poesie das Trinken,
Mit einem Beefsteak kann man nie
Die Musen zu sich winken;
Doch mit dem Weine naht ihr Glanz
Und strahlet immer lichter,
Das wissen die Gelehrten all',
Auch wenn sie keine Dichter,
Und in dem Wein verborgen ruht
Der Weisen echter lapis,
Drum frägt auch nie ein kluger Mann:
Quo me, o Bacche! rapis?
Er ist es ja, der uns entreißt
Dem niedern Lebenstreiben
Und lustig leichten Sinn verleiht,
Wer wollt' nicht bei ihm bleiben!
Drum, Freunde, hört, vertrauet stets
Dem Talisman der Traube;
Denn das ἀριστον ὕδωρ ist
Der ärgste Aberglaube!

Lernet vom edlen Wein!

Lernet vom edlen Wein!
Im Freien treibt er seine Blüte
Und pflegt sie im sonnigen Strahl,
Im Freien stärkt euch das Gemüte
Und schöpft die Gedanken zumal;
Wer solches vergißt
Wird ein Hypochondrist,
Dran alles welk und fahl.

Lernet vom edlen Wein!
Wenn die Beeren gereift, dann will er sinnieren,
Und schließt ins Faß sich ein,
Wenn ihr habt den Gedanken, dann mögt ihr studieren
Im traulichen Kämmerlein;
Wer spielen nur will
Ein phantastisches Spiel,
Wird nimmermehr gedeihn.

Bei seinem Sinnieren oft drunter und drüber
Wirft alles der gärende Saft;
Wer zu sachte will gehn, der baut wie der Biber,
Doch ist's auch danach, was er schafft.
Drum sprudelnd und frisch,
Nicht Biber, nicht Fisch,
Und lustig übet die Kraft!

Lernet vom edlen Wein!
Und hat er geträumt und hat er gegoren,
Wie labet sein Gold so fein;
Ihm gleiche; was der Gedanke geboren,
Soll edel und labend sein,
Dann gut ist bestellt
Die studierende Welt;
Drum Freunde, lernet vom Wein!

———————

Schiffhumpenlied.

Liebes Schifflein, wolle schwimmen,
Will ein Lieblein dir anstimmen,
Nimm's als Kompaß zum Geleit;
Doch vor allem sei geladen
Wohl mit Wein von Rektors Gnaden,
Wie es Brauch seit alter Zeit.

Schifflein, fahr' die Wellenwege,
Wo in rosigem Gehege
Freude thront als Königin,
Und zum Reiche goldner Dichtung
Halte treu die rechte Richtung,
Daß es geht nach unserm Sinn.

Aber jenes Land der Narren,
Die da schieben stets den Karren
Ohne dies academicus,
Und die Inseln mußt du meiden,
Wo sie nie den Zopf abschneiden,
Schifflein, merk's, sonst giebt's Verdruß.

Sollt' ein schlimmer Stern aufgehen
Oder im Kalender stehen,
Nicht verliere drum den Mut,

Lasse Sturm und Wetter zanken,
Deine schönen Silberplanken
Keines nicht zerbrechen thut.

Aber sollte dir's passieren,
Weg und Kompaß zu verlieren,
O! dann acht' auf Eines nur:
Immer wird die Fahrt gelingen,
Fahr' nur frisch hin, wo sie singen:
Gaudeamus igitur!

———————

Wein und Bock.

Fürwahr, mein Liebchen ist der Wein;
Er blinkt so heiter und so fein,
Chor: { Er macht ein fröhlich leichtes Blut,
{ Ja ja! der Wein gefällt mir gut!

Doch nein! er liebt den Rettig nicht
Und macht der Wurst ein krumm' Gesicht,
Chor: { Und vom Tabak den lieben Rauch,
{ Wahrhaftig, den verschmäht er auch!

Der Bock, der ist ein braver Mann;
Lebt er nach seinem Alkoran,
Chor: { So schmückt ein Rettigblatt den Hut,
{ Ja ja! der Bock gefällt mir gut!

Doch nein! er liebt ja nur den Mai
Und ist beim Jagen nicht dabei,
Chor: { Und unter uns sei es gesagt,
{ Was wär' das Leben ohne Jagd!

Drum hört, was der Professor spricht,
Den Wein mit fröhlichem Gesicht,
Chor: { Den trinkt das ganze Jahr in Ruh'
{ Und trinkt im Mai den Bock dazu!

Schnadahüpfln.

Was waar's um 'n Mai
Mit sein' bliemlet'n Rock,
Wenn er Bloamen grad bringet
Und bringet koan' Bock;

Aber bringt er all' zwoa,
Nacha jux' mer ihm zua:
Grüß' di Gott, grüß' di Gott,
O du herzlieber Bua!

———————

Der Bock is a Dichter,
Wie ma' gar koan' so hamm,
Schau! Veigerln und Nabi'
All's reimt er ihm z'samm.

Und der Bock is a Maler,
Da halt i 'was drauf:
Wie alt aar a Kopf is,
Er frischt'n no' auf.

———»✕«———